CB136474

O espírito do SUCESSO

Título do original inglês:
The Spirit Of Success
Copyright © Norman Drummond, 2004

O Espírito do Sucesso

Copyright da tradução © Butterfly Editora Ltda. 2006

Direitos autorais reservados.
É proibida a reprodução total ou parcial, de qualquer forma ou por qualquer meio, salvo com autorização da Editora.
(Lei nº 9.610, de 19 de fevereiro de 1998.)

Direção editorial: **Flávio Machado**
Assistente editorial: **Dirce Yukie Yamamoto**
Tradução: **Yma Vick**
Chefe de arte: **Marcio da Silva Barreto**
Capa e diagramação: **Ricardo Brito**
Revisão: **Maria Aiko Nishijima**
Fotolito da capa: **Lene Gráfica e Editora Ltda.**

Dados Internacionais de Catalogação na Publicação (CIP)
(Câmara Brasileira do Livro, SP, Brasil)

Drummond, Norman.
O espírito do sucesso / Norman Drummond ; tradução Yma Vick. – São Paulo : Butterfly Editora, 2006.

Título original: The spirit of success
ISBN 85-88477-54-8

1. Auto-realização 2. Sucesso em negócios I. Título.

06-4942 CDD: 158.1

Índices para catálogo sistemático:
1. Auto-realização : Psicologia aplicada 158.1

Butterfly Editora Ltda.
Rua Atuaí, 383 – Sala 5 – Vila Esperança/Penha
CEP 03646-000 – São Paulo – SP
Fone: (0xx11) 6684-9392
www.flyed.com.br | flyed@flyed.com.br

Impresso no Brasil, no inverno de 2006 pela:
SERMOGRAF – Artes Gráficas e Editora Ltda.

1-9-06-3.000

NORMAN DRUMMOND

O espírito do SUCESSO

Tradução
YMA VICK

BUTTERFLY
EDITORA
São Paulo – 2006

Nota do Editor:

Caso encontre neste livro alguma parte que acredita que vai interessar ou mesmo ajudar outras pessoas e decida distribuí-la por meio da internet, nunca deixe de mencionar a fonte, pois assim estará preservando os direitos do autor e conseqüentemente fazendo uma ótima divulgação do livro.

: : Dedicatória : :

Às qualidades essenciais, que são Coragem, Generosidade, Dedicação, Serenidade, Integridade e Dignidade, ou seja, a Elizabeth, Andrew, Maggie, Marie Clare, Christian e Ruaraidh.

Com amor.

Agora, pois, permanecem a fé, a esperança e o amor,
estes três; mas o maior destes é o amor.

1 Coríntios 13:13

: : Agradecimentos : :

Muitas pessoas têm me dado apoio e incentivo nos últimos anos. Sem isso creio que este livro jamais teria tomado forma e permaneceria em minha mente como mais uma idéia ocasional.

Um lar tranqüilo e cheio de amor é a melhor base emocional que uma criança pode ter e, nesse sentido, sei que fui abençoado. Ainda me lembro claramente de ouvir meu pai tocando em bom e alto som a *Cavalaria rusticana* de Mascagni e minha mãe pedindo que fizesse silêncio para que nós pudéssemos dormir! Em um concerto de Andrea Bocelli, em Glasgow, tive a grande oportunidade de ouvir novamente a *Cavalaria rusticana* e era como se ouvisse ao fundo a voz de meu pai dizendo: "Vá em frente! Você consegue".

Já se passaram 30 anos desde seu falecimento após um ataque cardíaco, mas essa frase dele ainda é a que melhor descreve o conteúdo deste livro. Somente quando nossa mente e nosso coração estão em perfeita sincronia nos tornamos a pessoa que nascemos para ser.

Na jornada que me levou a escrever *O espírito do sucesso: a união mental-emocional no trabalho e na vida diária* sei que devo muito à minha família, à minha assistente Wilma Shalliday e a meu querido editor Caro Handley, com quem foi um grande prazer trabalhar.

Devo muito também a Rowena Webb, da Hodder & Stoughton, e sua equipe, que me inspiraram e ajudaram o tempo todo.

Minha agente Kay McCauley, da Pimlico Agency em Nova York, foi quem me deu o empurrão inicial e me fez perceber que poderia colocar minhas idéias no papel e ajudar as pessoas a viver melhor. E também me ensinou que se pode fazer isso de maneira divertida e agradável. Seu senso de humor me lembra muito o de meu pai. Ouvi dela várias vezes a mesma frase: "Vá em frente! Você consegue".

Espero que essas palavras também lhe sirvam de incentivo para "seguir sempre em frente", pois quando seu coração e sua mente caminham juntos, "você pode tudo!".

: : Sumário : :

: : Introdução : :
Sempre em frente

No século 19, três de meus quatro bisavós abriram empresas na Escócia. Passaram por muitas dificuldades e conheceram a pobreza, mas estavam determinados a crescer e a oferecer uma vida melhor às suas famílias. Não tinham medo de trabalhar e souberam aproveitar todas as chances que apareceram. As empresas que fundaram 140 anos atrás ainda existem e continuam a crescer. Já empregaram centenas de pessoas e ajudaram nossa família a se manter e a aprender princípios importantes. Uma delas ainda está conosco e tem funcionários de nossa quinta geração.

Foi uma herança muito importante. Nossos bisavós nos deixaram muito mais do que empresas. Transmitiram à nossa família os valores e as crenças que os levaram a ter sucesso e a crescer. Os três eram fiéis defensores do igualitarismo e do lado humano das pessoas. Detestavam o orgulho e a arrogância e estavam sempre dispostos a admitir seus erros e a aprender com eles. Deixaram para nós a mensagem de que o trabalho sempre traz benefícios, tanto materiais quanto espirituais, e que todas as nossas escolhas de vida e de trabalho têm conseqüências.

São esses os princípios que aprendi desde a infância e que trouxe para minha vida de trabalho. Atuando como mediador, mentor e professor nos dois lados do Atlântico, já tive contato com os mais diversos tipos de negócios e de pessoas. Percebo que muitos dos valores e ideais que meus bisavós me passaram já se perderam no tempo e precisam ser redescobertos. É claro que não queremos nem precisamos voltar no tempo. Muitas coisas mudaram para melhor. Mas as crenças e os valores que eles seguiam ainda são importantes.

Vejo muitas pessoas agirem como verdadeiros robôs nas empresas, desempenhando suas tarefas diárias e seguindo instruções. Os escritórios ocidentais estão cheios de almas fragmentadas que já perderam sua identidade e a noção de propósito daquilo que fazem. Trabalham horas infinitas em troca de salário e acabam desmotivados por toda a ansiedade, as pressões e as dificuldades que enfrentam. Em uma viagem recente que fiz aos Estados Unidos encontrei um editor do *Wall Street Journal*. Ele me contou a história de um conhecido seu que passou a vida toda concentrado exclusivamente em trabalho. Mas com o passar do tempo, quando já estava chegando aos 50 e era o momento de colher os frutos de seu trabalho, ele não tinha a menor idéia do que desejava fazer naquela fase de sua vida. "Quando começávamos a conversar", disse o editor, "e eu perguntava a ele sobre suas emoções, ele ficava tão confuso que acabava preferindo se distrair olhando o cardápio do restaurante. Todos aqueles anos haviam lhe rendido muito dinheiro mas nenhuma satisfação, felicidade ou prazer verdadeiros". E assim vão vivendo muitos homens e mulheres, sem o menor senso de direção ou noção do que é realmente importante para eles. Acreditam que as recompensas materiais são o resultado de seu sucesso, mas não sentem tanto prazer ou alegria com aquilo que fazem.

E também há aqueles que vivem sob um regime cruel de trabalho, movidos pelo medo de falhar e sem a menor alegria, sendo constantemente humilhados, jamais encorajados e cercados por indivíduos interessados apenas em seus próprios ganhos e não nas outras pessoas ou na empresa como um todo. Nesses casos, os benefícios são ínfimos. Há uma grande rotatividade de pessoal, os funcionários não se preocupam com a empresa, a produtividade é baixa e tudo dá errado. Ainda existem muitas empresas funcionando assim, embora as mudanças já estejam acontecendo. Os ocidentais estão descobrindo que mais não é necessariamente melhor, que dinheiro não compra felicidade e que passar a vida trabalhando automaticamente não traz satisfação ou felicidade; estão começando a pensar em maneiras diferentes de fazer as coisas e a buscar algo mais.

Mas o que é esse algo mais? Acredito que se desejamos encontrar a verdadeira satisfação, desenvolver um sentido de propósito e obter sucesso de verdade, temos de começar a olhar para dentro de nós. A maioria das pessoas conta apenas com o que existe ao seu redor (recompensas materiais e reconhecimento), ignorando seu potencial interior. A habilidade de conhecer seu verdadeiro eu, de desenvolver a autoconfiança, a capacidade de julgamento e de tomar decisões independentemente das outras pessoas acaba sendo desperdiçada. No entanto, como qualquer habilidade, é algo que precisa ser exercitado para se tornar uma ferramenta útil em qualquer situação.

E mais do que desenvolver a autoconfiança e o autoconhecimento, precisamos aprender a ver as coisas sob um ponto de vista mais amplo, que abranja não apenas nossas próprias necessidades e desejos mas também os das pessoas e das organizações onde trabalhamos. Precisamos estabelecer valores e práticas de trabalho que beneficiem a todos dentro e fora das empresas, independentemente de seu porte. Cada membro de uma organização pode se conscientizar de que tudo dentro dela é importante, inclusive ele mesmo e seus colegas. É muito comum vermos os funcionários de cargos mais altos recebendo todos os benefícios enquanto os de cargos mais baixos são mal pagos, não reconhecidos e se sentem frustrados. Quando isso acontece, as pessoas, tanto de cargos altos quanto baixos, começam a passar umas por cima das outras e, uma vez que conseguem um cargo melhor, passam a ignorar as demais. Mas quando deixamos de lado nossa integridade ao subir, o sucesso acaba não fazendo sentido. Em uma empresa em que todos são importantes, todos se beneficiam e se sentem bem com aquilo que fazem, seja servindo café ou presidindo reuniões. Noções claras de objetivos, bom humor e alegria são o segredo para obter maior produtividade e funcionários leais e satisfeitos.

Grandes organizações são feitas de grandes indivíduos que desejam mais que mero sucesso material, que acreditam em conquistas, que têm visão e que consideram as pessoas acima dos projetos para torná-los realidade. São seres humanos com altos padrões de comportamento, generosos e firmes sem excesso. Não têm medo de errar e de reconhecer seus erros, inspirando e incentivando os outros. E que, acima de tudo, usam seu lado humano e seus sentimentos juntamente com seu lado racional. Qualquer um de nós pode ser assim. O romancista e administrador John Buchan escreveu: "Nossa tarefa não é dar grandiosidade ao ser humano, mas sim trazê-la à tona, pois ela já existe". Cada um de nós possui algum tipo de grandeza interior. O desafio consiste em fazer com que essa grandeza se manifeste para usá-la da melhor maneira possível.

Este livro é um guia para a arte da grandiosidade, um manual para que as pessoas possam desenvolver e expandir suas habilidades e seu potencial. Baseia-se no princípio de que, para termos sucesso, precisamos olhar para dentro e conhecer melhor a nós mesmos. Descobrir quem realmente somos e para onde vamos é uma tarefa vital para viver e trabalhar de maneira mais criativa, plena e produtiva. Apresento exercícios, questionamento, referências e técnicas simples mas eficazes para que você possa desenvolver seu autoconhecimento, sua autoconfiança, trabalhar de maneira mais produtiva, atingir resultados e administrar sua vida de maneira mais eficaz e com alegria. As técnicas visam a diminuir e a resolver problemas como ansiedade, pressões, excesso de trabalho, dificuldades com colegas e metas irreais. E também manter o equilíbrio ideal entre trabalho e vida pessoal, estabelecer um ambiente de trabalho mais agradável e tranqüilo e lidar de maneira simples e eficaz com os problemas que surgem no dia-a-dia.

Meu objetivo é fazê-lo ver as coisas de maneira diferente, de dentro para fora. Quero que sua vida de trabalho e sua vida pessoal sejam cada vez melhores, pois ninguém merece menos do que isso.

: : Um : :
Três questões básicas

Fui convidado certa vez a fazer um discurso em um jantar de executivos em Aberdeen, a capital do petróleo na Escócia. O evento reunia empresários internacionais de sucesso e eu sabia que o discurso deveria abranger diversos aspectos da área. Mas decidi fazer algo um pouco diferente. Propus três questões muito simples mas importantes:

- Quem é você?
- Por que tem esse estilo de vida e de trabalho?
- O que pretende ser e fazer no futuro?

As perguntas causaram certo choque. Ter de responder sobre sua vida, escolhas e decisões não fazia parte do cardápio. As pessoas ali eram movidas por sua posição e condição social e não esperavam ouvir questões tão profundas durante uma degustação de queijos e vinho.

Fiquei imaginando se minhas perguntas não iriam parecer um tanto ridículas. Mas recebi um aplauso caloroso ao final de meu discurso e o apertar de mão de vários participantes dizendo:

"Obrigado. Eu estava precisando de alguma coisa assim para me fazer parar e pensar". Na manhã seguinte, quando estava fechando a conta no hotel, uma mulher se aproximou de mim e disse: "Foi a primeira avaliação verdadeira que meu marido fez de si mesmo em 20 anos de trabalho na indústria do petróleo".

Independentemente de nosso estilo de vida ou escolha profissional, são essas três perguntas que devemos fazer a nós mesmos sempre se quisermos trabalhar de maneira ética, humana e gratificante. Seja você o presidente ou o mais novo contratado da empresa, não basta seguir em frente e fazer o trabalho. É preciso saber para onde está indo, o que é realmente importante, por que está nesse emprego e o que deseja em termos de futuro. E também que tipo de pessoa você é em seu ambiente de trabalho, como as pessoas o vêem e o que deseja atingir não apenas na linha de produção mas em termos humanos.

Vamos analisar melhor as três perguntas para que você possa pensar em suas respostas.

: : Quem é você?

Esta é a pergunta mais importante e a mais difícil de responder. É preciso muita força interior, coragem e honestidade para observarmos a nós mesmos e nos fazermos uma pergunta como esta, mas os resultados são extremamente gratificantes.

Em seu poema *Build me a son* [Traga-me um filho], o general Douglas MacArthur diz: "Traga-me um filho... que esteja consciente de que conhecer a si mesmo é a pedra fundamental de todo o conhecimento". Conhecendo e aceitando a si mesmo a ponto de não haver nenhum aspecto de seu ser que evite confrontar, você se tornará um ser humano totalmente estável e equilibrado, capaz de avaliar suas atitudes e se sentir bem consigo mesmo. E você sabe do que eu estou falando. Autoconhecimento significa:

Gostar de si mesmo

Deixar de lado a autocrítica, o orgulho e a falsa modéstia e passar a apreciar suas qualidades e seus esforços.

Relaxar

É trabalhar em um ritmo que seja agradável e adequado para você independentemente do das pessoas ao seu redor.

Confiar em si mesmo em qualquer situação

Seja qual for o nível das pressões ou das circunstâncias, você pode utilizar suas melhores qualidades para superar os obstáculos.

Ter seu próprio sistema de crenças

Conhecer suas crenças mais profundas e manter-se fiel a elas ainda que as pessoas duvidem de seus princípios ou não concordem com eles é a base do autoconhecimento.

Manter-se firme apesar das dificuldades

Manter a mente focada nos objetivos e não se desviar deles.

Superar os obstáculos do caminho

Aprender a se desviar ou a enfrentar cada um deles sem prejudicar as pessoas.

Enfrentar todas as situações com calma e segurança

Porque sua essência é forte e inabalável e você sabe que não precisa que as pessoas lhe digam quem você é ou o que deve fazer.

Essas são as qualidades de uma pessoa autêntica, nem totalmente inflexível nem generosa em excesso, capaz de manter o foco de seus objetivos e de valorizar os sentimentos e a opinião das outras.

Aqueles que não sabem quem são normalmente se deixam abater diante de qualquer obstáculo ou sofrem todas as conseqüências. Algumas das armadilhas mais comuns para essas pessoas são:

: : Adotar modelos

Quem não conhece bem a si mesmo não consegue ser autêntico. Para ser verdadeiro consigo mesmo, você precisa saber o que o incomoda ou lhe faz bem e quais são os aspectos e as crenças que determinam seu comportamento. Aqueles que não conhecem essas características e não se sentem bem consigo mesmos costumam adotar modelos externos de comportamento. Se há alguma tarefa a ser feita como preparar uma palestra, por exemplo, esse tipo de pessoa vai tentar se lembrar de alguém que já tenha visto fazendo isso e agir da mesma maneira, imitando suas piadas e histórias. Isso passa uma imagem nada natural de insegurança e falsidade.

> Uma empresa de seguros de grande porte convidou um esportista vencedor de várias competições para fazer um discurso em um jantar importante. O diretor de recursos humanos o chamou para uma reunião antes do evento e pediu a ele que falasse sobre si mesmo com toda a honestidade e não apenas contasse histórias sobre seu esporte. Mas o campeão não fazia idéia do que isso significava. Fez um discurso pesado e desconexo e se perdeu ao tentar responder às perguntas dos convidados. Apesar de todas as suas vitórias e conquistas, esse homem não tinha idéia de quem realmente era e simplesmente desempenhou uma tarefa seguindo alguns modelos que conhecia.

: : Usar benefícios materiais como apoio

Muitas pessoas passam a vida apoiadas em benefícios que, no mundo dos negócios, equivalem a pacotes como um carro novo e bonito ou comissões extras. Acreditam que isso é sinônimo de sucesso. Mas não percebem que essas concessões envolvem horas excessivas de trabalho, longe da família e de seus sonhos.

> Um executivo de sucesso vivia tão ocupado tentando fazer sua empresa crescer rapidamente que não percebia a solidão e a tristeza de sua esposa. Planejava aposentar-se, ir morar na Espanha e passar o resto da vida sob um guarda-sol tomando água de coco ao lado dela. O problema é que estava sempre tão concentrado nos benefícios materiais e nos resultados de seus negócios que não via o que estava acontecendo bem embaixo de seu nariz. Somente quando a esposa anunciou que estava indo embora com o homem que havia reformado sua casa é que percebeu o que tinha acontecido. Enquanto se preocupava com o dinheiro, perdeu o que lhe era mais valioso.

Benefícios materiais são muito bons desde que não se tornem mais importantes que o entretenimento ou que os objetivos de longo prazo. Quem passa o tempo todo buscando sucesso material não percebe o que está fazendo porque nunca pára tempo suficiente para descobrir isso; fica ocupado demais tentando preencher o vazio de sua existência e passar uma imagem impecável para o mundo. Costumo observar alguns grandes executivos, enterrados em suas posições de chefia, e imaginar se estão mesmo felizes e bem consigo mesmos. Se pararmos para pensar, personalidade e força interior não dependem de renda, de uma bela casa ou de um carro novo.

: : Viver de maneira desequilibrada

Algumas pessoas se preocupam tanto com determinados aspectos de sua vida que acabam se afastando de tudo. Descobrir quem você realmente é envolve uma avaliação profunda de todos os aspectos de sua personalidade e de sua vida, mesmo os mais obscuros.

Às vezes precisamos passar por situações muito difíceis para perceber quem realmente somos.

Um inglês chegou aos Estados Unidos com apenas algumas malas, sua esposa e três filhos. Foram morar em um quarto alugado em Boston. Após muito trabalho ele conseguiu fundar uma empresa de sucesso e comprou uma casa grande e bonita perto da cidade. Em uma noite de inverno, ao chegar tarde de uma reunião, viu que seu filho de 12 anos havia tirado toda a neve da porta da garagem para ele. Ficou emocionado com aquele gesto e se lembrou disso anos mais tarde enquanto tomava uma cerveja com o filho. Disse a ele que tinha sido um dos momentos mais especiais de sua vida. O rapaz, que estava então com 22 anos, respondeu irritado: "E o pior momento da minha foi quando você me humilhou por causa de meu boletim na escola quando eu tinha 14 anos. Desde aquele dia jamais lhe pedi coisa alguma nem causei decepção alguma". O pai ficou arrasado. Percebeu o quanto tinha sido duro e exigente para com ele e que lhe devia muitas desculpas. Compreendeu, finalmente, que algumas palavras de apoio e incentivo teriam tido muito mais efeito e prometeu a si mesmo reparar seu erro.

Esse pai percebeu que havia estabelecido padrões irreais para si mesmo e para seus filhos e com isso perdeu grandes momentos de diversão, de amor e de prazer ao lado deles. Tinha vivido de maneira desequilibrada, concentrando-se apenas em um único aspecto, o sucesso, e isso o impediu de se dedicar a qualquer outra coisa.

: : Descubra quem você é

Mas como fazer isso? Primeiro, faça a si mesmo a pergunta mais importante de todas, a base de tudo o que somos e nos tornamos:

: : De onde venho?

Há um antigo provérbio celta que diz: "Para entender aonde está indo, você precisa saber de onde veio". Se estiver realmente disposto a encontrar a resposta para esta pergunta, por mais difícil que possa parecer, ela o ajudará a seguir em frente e a entender o resto de sua vida. Descobrir de onde você veio significa olhar para trás e avaliar sua infância, seu lar, a escola em que estudou e os seus pais (ou quem o criou). Esta é a origem de todas as suas crenças e comportamentos atuais.

Meu pai nasceu em uma família próspera perto de Glasgow, em Greenock. Meu avô foi prefeito da cidade e meu pai sempre esteve envolvido em atividades cívicas. Meus avós foram pessoas de bom coração e fizeram todo o possível para dar ao meu pai a melhor educação. Mas as exigências de suas vidas atarefadas não lhes permitiram dar ao meu pai atenção e afeto suficientes. Isso gerou alguns padrões que acabaram se refletindo em nós, seus filhos. Meu pai nunca achava que era amado ou que tinha sucesso suficiente e nunca estava satisfeito consigo mesmo ou com os outros. O resultado é que estávamos sempre tentando agradar-lhe e receber sua aprovação. Quando ele morreu, ainda jovem, aos 51 anos, nosso único desejo era que ele tivesse percebido o quanto nós o amávamos.

Entender isso me ajudou a reconhecer minhas próprias falhas e a decidir agir de maneira diferente com meus filhos. Uma pessoa pode ter todo o sucesso e o talento do mundo, mas se não compreender sua infância continuará presa a todas as inseguranças, ansiedade e limites que sempre teve.

Nove entre dez clientes meus têm muito medo de falhar. Vejo grandes líderes de empresas, executivos, diretores e gerentes que, perante o mundo, estão muito bem posicionados, mas não enxergam a si mesmos dessa maneira. Sofrem com todas as grandes pressões e sentem muita ansiedade, culpa e medo. Vêm se consultar comigo e querem que eu os ajude a resolver seus problemas de trabalho. Mas quando os convido a procurar um pouco mais fundo a origem de tantos problemas acabam descobrindo que, por trás das dificuldades "nos negócios" estão preocupações e medos de origem pessoal.

> Um de meus clientes, uma mulher que trabalhava na área de moda, dizia estar constantemente preocupada com dinheiro. Tinha um bom salário e benefícios, mas temia perder tudo e isso lhe fazia muito mal. Pedi a ela que me falasse de suas origens e ela me contou que seu pai teve um pequeno negócio que faliu. A família teve de mudar de residência e ela foi transferida para outra escola. Superaram todas as dificuldades e esqueceram a fase difícil. Ela tinha apenas sete anos quando isso aconteceu, mas ficou claro que a experiência deixou marcas que ela ainda carregava.

Quando digo que você deve analisar suas origens, não estou sugerindo que faça terapia ou que passe horas e horas se analisando. Quero apenas que olhe para trás e estabeleça algumas conexões entre o seu passado e o seu presente. Isso ajuda muito. Todo o nosso comportamento, crenças, ambições e maneira de agir podem ser explicados em termos de passado e isso é um ponto vital para começarmos a entender quem realmente somos.

: : Exercício

Separe dez minutos de seu tempo e escreva:

- Cinco coisas de que me lembro sobre seu pai.
- Cinco coisas de que me lembro sobre sua mãe.
- Cinco palavras que descrevam sua infância.
- Cinco palavras que as pessoas usariam para descrevê-lo.

Tente se lembrar de alguns acontecimentos de sua infância, de como reagiu e de como se comportou. Preste atenção a ligações que possam lhe ocorrer. Você vai se surpreender com o quanto este simples exercício pode revelar. Se achar interessante, pode ir adicionando outras palavras à lista. Quanto mais fizer isso, mais conexões vai estabelecer.

: : Liberte-se de seu vagão de carga

Muitas pessoas vivem carregando todo o peso de seu passado. Todos os seus medos, arrependimentos, culpa e vergonha circulam ao seu redor, impedindo-as de aproveitar o lado bom de sua vida. É muito comum vermos homens e mulheres de sucesso preocupados com seu senso de integridade, sentindo-se eternamente envergonhados por algo que fizeram em seus relacionamentos, por atitudes erradas que tomaram ou negócios escusos em que se envolveram.

Chamo isso de vagão de carga. Se a vida fosse um trilho de trem, todos teríamos um, transportando todas as nossas culpas e misérias aonde quer que fôssemos. E boa parte da viagem seria nesse vagão, pois estaríamos sempre dentro dele revisando todos os objetos. Um filme antigo chamado *Sangue sobre a Índia* mostra um grupo de pessoas em um trem que atravessa o deserto. Kenneth More faz o papel de herói e ajuda algumas dessas pessoas a escaparem de uma situação difícil. Mas como o trem está pesado demais para continuar a viagem, ele desengata o vagão de carga e eles seguem em frente. Sem o peso excessivo, o trem fica mais rápido e chega sem problemas ao seu destino.

Muitos de nós deveríamos fazer o mesmo. A sensação de alívio e de liberdade é indescritível. A maioria acha muito difícil fazer isso, já que carrega este imenso vagão de dor e arrependimento há muito tempo. Costumo dizer que, se há algo que devemos resolver, que seja feito logo.

Uma gerente de sucesso me disse que sentia muita culpa por um relacionamento que terminou. Seu noivo ficou arrasado na época e disse que jamais se envolveria assim novamente. Tinha rompido o noivado de maneira abrupta, sem pensar, e se arrependia muito. Decidiu então escrever uma carta para ele, mesmo após tantos anos. Esperava que ele estivesse bem e se desculpou pela maneira rude com que terminou o relacionamento e por todo o sofrimento que havia lhe causado. Nunca teve resposta, mas só o fato de ter escrito fez com que pudesse deixar para trás o acontecido e seguir em frente.

E é exatamente isso que temos de fazer: seguir adiante. Nenhum de nós é perfeito. Cometemos erros, fazemos coisas de que nos arrependemos e magoamos pessoas. Às vezes, temos a sorte de poder consertar alguns deles. Mas normalmente isso não é possível. A única coisa a fazer então é aprender com a experiência e deixar os acontecimentos para trás. A vida não tem de ser perfeita, muito pelo contrário. Ela é cheia de imperfeições. As perdas e derrotas que sofremos e os erros que cometemos são partes da jornada e sem eles não cresceríamos. O desafio está na maneira de lidar com essas experiências.

Mas como deixar tudo o que já aconteceu para trás? Simplesmente decidindo que isso será feito. Você pode tomar essa decisão. Deixe de lado toda a raiva, a culpa, o arrependimento e a vergonha que carrega consigo. Sinta os ombros mais leves sem todo esse peso.

: : Conheça a si mesmo

A chave para o autoconhecimento é a auto-aceitação. Se você conseguir aceitar que não é perfeito e se sentir bem consigo mesmo, consciente de que já cometeu erros no passado e que ainda pode cometer outros, já terá caminhado bastante. Muitas pessoas reconhecem que são carinhosas mas não conseguem se imaginar amando e sendo amadas. Julgar-se indigno de ser amado é uma forma de auto-rejeição que só causa infelicidade. Aceitar o fato de que merecemos ser amados já é um grande passo em direção ao autoconhecimento.

: : Exercício

Faça a si mesmo as seguintes perguntas:

- Minha conduta condiz com meu sistema de crenças?
- Eu confio em mim mesmo?
- Mantenho-me firme em meu caminho mesmo diante de situações mais difíceis?
- Tenho força interior?
- Gosto de mim mesmo?

Se respondeu "sim" a todas essas perguntas é porque já está começando a se conhecer melhor. Aquelas a que respondeu "não" indicam as áreas que precisam ser mais trabalhadas.

Se você age de acordo com seu sistema de crenças, é uma pessoa confiável, equilibrada e honesta. Se tem integridade, é uma pessoa em quem se pode confiar. Se demonstra ter coragem, consegue enfrentar as dificuldades e os obstáculos do caminho. Se segue suas próprias opiniões, ainda que sejam diferentes daquelas das outras pessoas, você tem força interior. E se tem todas essas características é sinal de que gosta de si mesmo.

: : Por que tem esse estilo de vida e de trabalho?

Esta questão está relacionada à primeira (veja a página 20). Se você sabe quem é, também sabe por que está vivendo dessa maneira. Mas este é um aspecto que vale a pena examinar.

A maioria de nós não questiona aquilo que faz. Achamos que a vida nos leva por determinados caminhos, que aproveitamos determinadas oportunidades ou que fomos dirigidos pelos outros até chegar onde estamos. Alguns chamam a isso de sorte, outros de destino e outros de mera conjunção de circunstâncias. Podemos estar contentes com o rumo de nossa vida ou desejar mudar algumas coisas, mas dificilmente paramos para pensar: "Quais foram as escolhas que me trouxeram até aqui e por que continuo onde estou?" Mas tudo na vida é conseqüência de escolhas, sejam elas conscientes ou inconscientes.

: : Exercício

Pergunte a si mesmo por que está em seu emprego atual. Algumas possibilidades a se considerar:

- Quero ser visto como uma pessoa de sucesso.
- Meu emprego agrada aos outros (família, amigos, chefes).
- É isso que minha família sempre planejou para mim.
- Sempre fui bom nisso e me pareceu uma escolha natural.
- Gosto das recompensas materiais que meu emprego oferece.
- Desejo segurança.

Agora pergunte a si mesmo se suas respostas o satisfazem. Você está neste emprego porque gosta mesmo e não se imagina fazendo outra coisa? Ou é uma necessidade, algo que você se vê obrigado a fazer por falta de opção?

Um homem que trabalhava havia 20 anos em um banco veio me procurar porque se sentia muito mal com seu emprego. Odiava o que fazia. Perguntei qual a razão de trabalhar naquela área e ele explicou que seu irmão havia começado primeiro e que o indicou. Sua família sempre achou que era um emprego estável e ele seguiu o conselho. Mas depois de 20 anos, já nem pensava mais no assunto e simplesmente fazia o trabalho, embora preferisse estar em casa com a esposa. Quando analisamos mais profundamente suas habilidades ele descobriu que gostaria de trabalhar com crianças. Arranjou um emprego em que ajudava jovens de famílias carentes. A partir de então sua vida passou a fazer sentido. Era como uma planta que precisava de água. Quando a recebeu, passou a crescer e a ser feliz.

Alguns exercícios podem ajudá-lo a descobrir os motivos pelos quais você escolheu seu modo de vida e seu trabalho atuais e a ver a situação de maneira mais clara.

: : Exercício: Fora do Corpo

Esta é uma ferramenta útil em todos os tipos de situação. Imagine-se fora de seu corpo observando a si mesmo como se fosse uma mosca na parede. Tente ver o que as outras pessoas veriam. Não é muito fácil, mas o resultado compensa. Fazendo isso durante alguns minutos todos os dias você começa a ter uma visão mais objetiva de sua vida e de suas escolhas. Observe sua maneira de interagir com as pessoas, de lidar com os problemas e de resolver questões diárias. Valorize os aspectos positivos de seu comportamento e modifique tudo o que julgar inadequado.

: : O Exercício do Espelho

É parecido com o anterior e muito útil quando precisamos fazer uma avaliação profunda de nossa vida. Fique em frente a um grande espelho e coloque seu rosto bem próximo dele de modo que possa ver apenas seus olhos e face. O resto vai ficar fora de foco. Dê então um passo para trás para enxergar melhor seu rosto e alguns detalhes ao seu redor. Afaste-se ainda mais até conseguir ver seu corpo todo e tudo o que o cerca. Observe a si mesmo nesse contexto.

Uso muito este exercício em uma sala da Drummond International, que tem papel de parede estrelado. Quando meus clientes se aproximam do espelho, a imagem do papel fica embaçada. À medida que se afastam, as estrelas ficam mais nítidas. Costumo dizer que são as oportunidades em sua vida. O exercício mostra exatamente o que acontece quando nos envolvemos em excesso com os detalhes e deixamos de observar a vida como um todo.

Observar-se a certa distância ajuda muito quando temos de responder à pergunta "por que você faz o que faz?" E as respostas sempre nos levam à terceira questão:

: : O que pretende ser e fazer no futuro?

Quais são seus planos, sonhos e expectativas em termos de futuro? Quais possibilidades de seu ser ainda não foram exploradas e aproveitadas? É uma questão que nos abre um mundo infinito e maravilhoso de escolhas. Tudo o que fazemos em nossa vida, cada movimento, cada passo é uma questão de escolha. Ainda que você se sinta preso às influências ou às imposições alheias, levado pelo fluxo dos acontecimentos, há sempre uma escolha a ser feita, mesmo que seja concernente à atitude perante a vida.

: : Escolhas suas atitudes

As atitudes que assumimos diante da vida são de fato nossas escolhas mais importantes, pois têm grande influência sobre os resultados de qualquer situação. Uma atitude positiva quase sempre conduz a um resultado positivo mesmo nas circunstâncias mais difíceis. Já uma atitude negativa tende a gerar conseqüências negativas mesmo quando tudo parece estar a nosso favor. Todos conhecemos pessoas que parecem ver sempre o lado positivo da vida e não se abalam diante das dificuldades e outras que vêem problemas em tudo, mesmo quando as coisas parecem estar bem. Todos os dias temos a chance de escolher enfrentar a vida com dignidade, coragem, bom humor e confiança ou com dúvida, medo, ansiedade e desconfiança. Quando o senhor Tom Farmer, fundador da cadeia de lojas Kwik-Fit, começou a dar palestras internacionais, descobriu o seguinte texto de autor desconhecido e me deu uma cópia, que coloquei na parede de meu escritório.

> Quanto mais vivo mais me conscientizo do impacto das atitudes sobre nossa vida. Atitudes são mais importantes do que passado, educação, dinheiro, circunstâncias, fracassos, sucessos e do que o que as outras pessoas pensam ou fazem. E também mais importantes do que aparência, dons ou habilidades.
>
> O mais interessante é que todas as manhãs temos como escolher a atitude que teremos durante todo o dia.
>
> Não podemos mudar nosso passado... não podemos mudar o fato de que as pessoas sempre vão agir de determinada maneira. Não podemos mudar o inevitável... a única coisa que podemos fazer é lidar com aquilo que temos em mãos, e aí está a questão da atitude.

Nos momentos mais difíceis, uma atitude correta pode fazer toda a diferença.

> Dois soldados foram amigos de infância. Cresceram na mesma vila e freqüentaram a mesma escola. Alistaram-se na primeira oportunidade para lutar na Segunda Guerra Mundial e foram para a mesma companhia. Lutaram lado a lado e, quando seu batalhão

ficou em desvantagem, receberam ordens para bater em retirada. Reuniram-se então, em formação homem a homem. O primeiro avança enquanto o outro espera e vice-versa. Mas enquanto saíam das trincheiras um deles foi ferido. Caiu no chão e disse ao amigo: "Vá, não se preocupe. Eu vou ficar bem". O outro seguiu sozinho até se reunir aos outros. Mas vendo que o amigo não chegava, pediu ao sargento permissão para voltar e ajudá-lo. Recebeu como resposta: "Nem pensar! Se voltar, vai morrer também".

Mas o soldado não conseguia parar de pensar no amigo caído ali no chão e insistiu. Convenceu o sargento a deixá-lo ir mas ele impôs uma condição: "Sairemos daqui a duas horas. Se você não voltar até lá vamos considerá-lo desaparecido ou morto".

O soldado saiu sozinho noite adentro e exatamente duas horas depois o avistaram carregando o corpo de seu amigo, chegando à clareira e ao grupo do batalhão. Depositou-o com cuidado no chão. O sargento se aproximou e disse: "Eu avisei que ele estava morto e que não adiantava ir até lá".

O soldado então se levantou e, olhando nos olhos do sargento, respondeu: "Está morto sim, mas quando eu cheguei ainda estava vivo e me disse 'eu tinha certeza de que você viria, eu tinha certeza'".

Todos nós gostaríamos de ser assim e de tomar atitudes de coragem, de lealdade e de companheirismo em vez de seguir o caminho mais fácil. Que tipo de atitudes você toma em seu dia-a-dia? Gosta delas ou está na hora de mudar e escolher um caminho mais positivo?

: : Uma nova maneira de ver as coisas

Muitos de meus clientes têm cargos importantes, influência, boa situação financeira e *status*. Mas, apesar de tudo isso, ainda se sentem insatisfeitos. Dizem que falta algo em sua vida. Talvez seja porque deixaram de lado muitos de seus talentos, crenças e desejos e hoje já nem os reconhecem mais. Concentraram-se tanto em alguns aspectos de sua personalidade e de sua vida que o restante simplesmente desapareceu.

Meu trabalho é ajudá-los a analisar a si mesmos sob uma perspectiva mais ampla e a redescobrir tudo aquilo que os torna mais completos, criativos e motivados. Amplio suas opções de futuro ao encorajá-los a explorar melhor seus talentos e sonhos pois, independentemente de nossa idade e daquilo que alcançamos, seja muito ou seja pouco, há sempre um grande espectro de possibilidades a serem exploradas e inúmeras opções de futuro.

Você sabe realmente o que deseja? Seus planos se baseiam naquilo que as pessoas esperam ou prevêem para você ou naquilo que é mesmo importante em sua vida? Pare um instante e se observe. Que tipo de pessoa você é? Quais são suas motivações? Quais são os seus conceitos de diversão, de sucesso e de satisfação? Acredita em si mesmo? Tem coragem de assumir seus pontos de vista? Confia em sua capacidade de julgamento e mostra às pessoas que elas podem confiar em você? Escolhe metas que o inspiram e que o incentivam a ampliar suas fronteiras?

: : O Teste AIEG

Este teste pode ajudá-lo a descobrir mais sobre si mesmo e suas habilidades e a tornar mais claros seus sonhos e planos para o futuro. Utilizo-o sempre com meus clientes e vários deles já me disseram que isso os ajudou a ampliar sua visão. Alguns acham essa técnica muito útil, principalmente quando estão à mesa com os colegas ou com a família.

Aptidões

Mesmo os executivos mais influentes muitas vezes não percebem todas as aptidões que possuem. Faça uma lista de todas as suas, sejam elas grandes ou pequenas e em todas as áreas de sua vida. Descobrir tudo o que você pode fazer desperta a autoconfiança, abre um leque de possibilidades e permite que você passe da categoria de seres humanos "comuns, obcecados pelo trabalho" à dos "brilhantes, interessantes, ilimitados".

Interesses

Faça uma lista de seus interesses com o maior número de detalhes possível. A quais deles você se dedica e quais deixa de lado? O que gostaria de passar mais tempo fazendo? Dedica algum tempo a atividades não relacionadas ao seu trabalho? Consegue conversar com um estranho em uma festa sobre algo que acha interessante? Quais de seus talentos você foi obrigado a ignorar devido às pressões de trabalho, à ansiedade de subir e obter sucesso e ao medo de falhar?

Escolhas e desafios

O que você deseja para sua vida? Que tipo de escolha fez até agora? Que tipo de desafio o inspira e estimula mais?

Generosidade

Você é generoso para consigo mesmo? Cuida-se bem, reconhece suas necessidades e se permite ter momentos de tranqüilidade, de descanso e de mudanças? Ou acaba sendo sempre inflexível, intolerante e exigente? Quando recebe um elogio, consegue aceitá-lo? Comentários positivos das outras pessoas funcionam como "vento de impulso para nossas asas" e devem ser sempre valorizados.

Agora veja os resultados de seu Teste AIEG analisando todas as suas anotações e identificando o que é mais importante. Pode haver alguma coisa que você sempre quis fazer, uma habilidade que gostaria de desenvolver ou algum tipo de divertimento para o qual nunca tem tempo. É hora de começar a transformar tudo isso em realidade, de fazer planos para o futuro e de colocá-los em prática. Isso vai lhe permitir não apenas aproveitar melhor a vida, mas também se transformar em um ser humano mais completo. O objetivo do Teste AIEG é fazer com que você veja a si mesmo e ao seu futuro de maneira diferente. O que você deseja ser e fazer? Basta escolher!

> Um jovem diretor financeiro de um grande banco recebeu uma proposta para passar um ano trabalhando na Austrália. O objetivo era atuar em um setor "não lucrativo" da empresa, que envolvia responsabilidade social e incentivo a empreendimentos e a novos negócios. Aceitou imediatamente a proposta, pois a considerava uma excelente oportunidade, mas planejava retornar ao seu cargo do banco na Inglaterra depois. Porém, aquele ano modificou totalmente sua maneira de pensar. Apaixonou-se pelo trabalho e achou que valia a pena continuar. Decidiu ficar na Austrália e modificar seus planos de vida.

Este homem fez uma escolha de vida que o levou a uma direção totalmente diferente. Não temos necessariamente de mudar de continente, é claro, mas cada escolha diária que fazemos altera o resto de nossa vida. Por isso, certifique-se de que suas escolhas reflitam a pessoa que você realmente é, aquilo em que mais acredita e que abram os melhores caminhos para você.

: : Novos horizontes

Se você respondeu às três questões que apresentei no início deste capítulo, é sinal de que já deu o primeiro passo no sentido de expandir os horizontes de sua mente e de descobrir novas possibilidades em sua vida e em seu trabalho. Para descobrir nossa grandeza interior basta termos coragem de olhar para dentro com toda a honestidade e reconhecer quem realmente somos.

: : Dois : :
A união da razão e da emoção

Muitas pessoas trabalham com a cabeça e ignoram o coração. O resultado é quase sempre sucesso sem alegria, metas atingidas sem uma verdadeira sensação de conquista e um ritmo de trabalho inflexível e estressante. Este capítulo trata de como podemos estabelecer uma conexão entre nossos aspectos mental e emocional para nos tornarmos seres humanos mais completos e eficazes.

Pessoas que utilizam o lado esquerdo do cérebro (lógico, analítico e não-emocional) na maior parte do tempo são pessoas "mentais". Confiam mais em seu raciocínio do que em seus sentimentos e tentam resolver todas as situações de maneira analítica. Claro, a habilidade lógico-analítica é uma característica vital, e as pessoas que sabem utilizá-la bem normalmente têm muito sucesso. O problema começa quando confiamos apenas no lado esquerdo de nosso cérebro.

As conseqüências de viver assim são inúmeras. Pessoas puramente "racionais" não permitem que suas emoções, intuição, empatia e compaixão equilibrem ou enriqueçam suas habilidades lógicas. O resultado é que vivem isoladas das reações e dos sentimentos humanos de seus colegas de trabalho. Não percebem o que ocorre ao seu redor e, quando percebem, preferem não se envolver por não saber lidar com sentimentos. Pessoas "racionais" tendem a trabalhar mais horas e colocam suas funções acima de todos os outros aspectos de sua vida. Têm dificuldade em captar sutilezas e aspectos diferentes do trabalho e da vida: tudo para eles é preto no branco.

Muitas empresas têm pessoas "racionais" em seus cargos de chefia. O resultado é um local de trabalho de atmosfera inflexível e sem qualquer tipo de diversão ou de entusiasmo. Esse tipo de chefe lidera sob regime pesado, em que não se admitem erros ou momentos de relaxamento.

> Max tinha o perfil do homem de sucesso. Diretor administrativo de uma grande empresa que ajudou a construir desde o início, tinha tudo para aproveitar a vida: muito dinheiro, uma casa grande e uma bela família. Mas não se sentia satisfeito. Sabia que as coisas não iam bem na empresa. Os lucros, não muito altos, mantinham-se estáveis, porém o que mais o incomodava era o pessoal. O clima era pesado e as pessoas não pareciam bem. Não que isso o surpreendesse, já que Max não era um dos chefes mais populares, e disso ele tinha plena consciência. Na verdade, seus subordinados se sentiam ameaçados e sofriam todo tipo de crítica de sua parte. Durante muitos anos, Max acreditou que o estilo ditatorial era o melhor para a empresa. As pessoas tinham medo dele mas o trabalho era feito. No entanto, agora começava a pensar se não poderia haver outras formas de liderança.

Obviamente, Max era do tipo racional. Voltaremos a falar dele mais adiante.

É claro que as pessoas puramente emocionais, que utilizam mais o lado direito do cérebro e confiam apenas em seus sentimentos, empatia e compaixão têm seus problemas também. É impossível ser um líder eficaz quando se trabalha apenas com o "coração". A disciplina e os limites desaparecem, e o chefe acaba sendo considerado alguém muito ingênuo, crédulo e influenciável.

: : O equilíbrio ideal

O verdadeiro equilíbrio entre mente e emoções, lógica e generosidade nos permite expressar toda a nossa capacidade de compreensão. É isso que se chama trabalhar de dentro para fora. Mas só se atinge esse equilíbrio quando se conhece bem a si mesmo.

Unir mente e coração nos permite trabalhar com sabedoria, generosidade e estabelecer um ambiente de trabalho em que as pessoas se sintam bem e possam desenvolver suas funções com mais prazer. Dessa maneira, poupamos tempo e energia, melhoramos nosso desempenho e passamos a tomar decisões mais eficazes.

: : Como estabelecer a conexão

Ainda que pareçam estar em universos opostos, mente e coração podem ser facilmente unidos. O primeiro passo é estabelecer uma conexão entre os lados direito e esquerdo do cérebro. Quando isso é feito, passamos a ver nossas decisões, acontecimentos e estilo de vida sob um ponto de vista mais amplo e podemos lidar com eles de maneira diferente. Um esforço consciente pode se tornar uma reação automática se repetido freqüentemente.

: : Exercício 1: Conectar os Lados Esquerdo e Direito do Cérebro

Este é um exercício simples para ajudá-lo a estabelecer a conexão entre o lado esquerdo (racional) e o direito (emocional).

Sente-se em um lugar silencioso e feche os olhos. Imagine uma rosa vermelha no lado direito de seu cérebro. Em seguida, imagine uma rosa branca no lado esquerdo. Então imagine as duas trocando de lado. A vermelha vai para o esquerdo e a branca para o direito.

Apesar de simples, é um exercício extremamente eficaz, que aumenta os níveis de energia, de criatividade e de relaxamento. Faça-o todos os dias durante algumas semanas. Depois, a cada dois ou três dias ou sempre que achar necessário (em um período de grande estresse, por exemplo).

: : Exercício 2: Ampliar a Conexão

Este exercício amplia ainda mais a ligação entre os dois hemisférios.

Desenhe dois círculos, um para o "cérebro" e outro para o "coração". Cada um deles representa um aspecto de seu ser. Você pode achar que um deles está mais desenvolvido ou que lhe parece mais familiar, mas ambos fazem parte de sua personalidade. Então desenhe um diagrama em que os dois círculos se sobreponham um pouco. A área de união ou ponto de intersecção corresponde ao centro de conexão entre mente e coração e você pode utilizá-lo na maior parte do tempo, se desejar.Pense em três decisões que tenha tomado recentemente. Podem estar relacionadas a trabalho ou à sua vida pessoal e ser importantes ou nem tanto. Que parte de você foi responsável por essas decisões, o cérebro ou o coração? Teriam sido diferentes se você tivesse utilizado seu centro de conexão entre mente e coração?

> Geoff era gerente de uma empresa de pescados e recebeu em uma sexta-feira a difícil tarefa de demitir quatro pessoas. Era uma cidade pequena onde não havia muitos empregos e ele sabia que aqueles funcionários tinham família para sustentar. Mas Geoff era um homem racional. Seu estilo inflexível e sua maneira de passar instruções deixavam todos inseguros e nervosos. Imagine então como esses funcionários se sentiram ao serem chamados à sua sala no final da tarde de uma sexta-feira. Geoff despediu cada um deles sem demonstrar emoção alguma e não pensou mais no assunto. Quando o expediente estava quase terminando um estagiário da empresa comentou com ele: "Demitir alguém deve ser uma tarefa bastante difícil, não?" Geoff se surpreendeu com a observação. Jamais havia pensado nisso. Quando tinha de fazer algo, ele simplesmente fazia. Passou o final de semana pensando naquele comentário e nas pessoas que demitiu. Na segunda-feira, foi falar com o estagiário. "Estive pensando e creio que poderia ter feito as coisas de maneira diferente na sexta". Telefonou para cada um deles e pediu que o procurassem, pois tentaria oferecer ajuda. Foi preciso ouvir um comentário, mas Geoff finalmente conseguiu usar seu lado mais humano.

A primeira atitude de Geoff ao demitir aquelas quatro pessoas foi meramente racional. Não havia nenhuma conexão com os sentimentos de seus funcionários nem com os seus. O resultado foi apenas decepção e tristeza. E quando parou para refletir, Geoff também não se sentiu bem com sua maneira de agir. Mas criou coragem, reconsiderou e colocou seus sentimentos na situação. Ao chamar os funcionários e oferecer ajuda ele demonstrou equilíbrio entre seu lado mental e emocional.

Esta história mostra que unir aspectos racionais e emocionais não significa necessariamente que temos de mudar nossas decisões. Não havia como manter aqueles funcionários no departamento. Mas agir assim pode nos ajudar a lidar melhor com a decisão, deixar as pessoas perceberem que nos importamos com elas e ainda manter nossa auto-estima intacta.

Max, o diretor que mencionei na página e que sempre confiou apenas em seu lado racional, veio me procurar porque estava muito insatisfeito com o que acontecia em sua empresa. Chegou de cabeça baixa e ombros arqueados e mal percebeu quando minha assistente o cumprimentou.

Contou-me o que estava acontecendo e pedi a ele que fizesse os exercícios de conexão mental/emocional. Ele concordou, embora com certo ceticismo. Pedi então que começasse a rever seu comportamento no trabalho.

Algumas semanas depois Max voltou ao meu escritório com outra aparência, mais alegre, cumprimentando minha assistente com um sorriso e dizendo que já tinha começado a fazer mudanças, com resultados muito bons. Decidiu verificar o que estava acontecendo com cada membro de sua equipe e analisar tudo usando seu lado mental e também o emocional. Sua assistente chegou ao escritório certa manhã parecendo não se sentir bem e ele a mandou para casa e lhe deu o dia para descansar. Seu funcionário mais jovem se tornou pai e Max lhe enviou um cartão e uma garrafa de champanhe. Outro funcionário cometeu um erro e, em vez de gritar com ele, chamou-o para conversar e ver o que podia ser feito de maneira diferente na próxima vez.

À medida que modificava seu comportamento, Max percebeu duas coisas. Primeiro, sentia-se bem tratando melhor as pessoas. Segundo, que a atmosfera dentro da empresa começou a melhorar. As pessoas estavam mais alegres e pareciam trabalhar com mais ânimo. "Jamais imaginei que modificações tão simples pudessem fazer tanta diferença", ele disse.

Assim como Geoff, Max descobriu que conectar o cérebro ao coração é algo simples e que compensa. Gostou dos resultados:

tinha mais prazer em trabalhar e sua equipe também. Continuou a fazer mudanças positivas e a empresa passou a ter cada vez mais sucesso no mercado.

: : Como utilizar o centro de conexão

Quando os aspectos mental e emocional atuam em conjunto, coisas muito interessantes podem acontecer. Um pouco de compreensão e de gentileza podem ajudar a resolver qualquer situação difícil. E no caso de conflitos, fazem as pessoas se sentirem um pouco melhor. Quando seus colegas e funcionários percebem que você os vê como pessoas e não como simples subordinados, sentem-se mais motivados a trabalhar. Indico a seguir dez dos resultados positivos que se podem esperar ao utilizar o centro de conexão razão/emoção:

1. Passamos a ver a situação do ponto de vista das outras pessoas

Se um competidor, um funcionário que cometeu um erro vier se desculpar ou um colega vier pedir um conselho, podemos nos colocar no lugar dessa pessoa e ver a situação como ela a vê. Quando se consegue fazer isso, os resultados são muito melhores e mais construtivos.

2. Conseguimos evitar conflitos

Quem utiliza seu centro de conexão pode encontrar mais facilmente as soluções para os problemas em vez de ter de recorrer a disputas ou mesmo à justiça. Conflitos e desavenças passam a ser resolvidos com maior facilidade.

3. Ficamos mais conscientes de nossas atitudes

Assim como Geoff, da empresa de pescados, continuamos a fazer nosso trabalho, porém de maneira mais consciente e com mais sensibilidade.

4. Tornamo-nos mais flexíveis

Quem utiliza o centro de conexão passa a lidar com as situações de maneira mais equilibrada e a considerar as opiniões das pessoas, a dar e pedir conselhos e a procurar meios mais eficazes para atingir suas metas.

5. Dedicamos mais tempo às pessoas

Utilizando ao mesmo tempo a mente e o coração, nos tornamos mais sensíveis ao que acontece com as pessoas em nosso ambiente de trabalho. Cumprimentar os colegas, perguntar se está tudo bem e fazer elogios é muito importante. Quando utilizamos a conexão, deixamos de simplesmente trabalhar com as pessoas e passamos a conviver com elas.

6. Aprendemos a reconhecer as qualidades e características das outras pessoas

Em vez de querer que tudo seja feito sempre à nossa maneira, podemos aprender a trabalhar com a força e o potencial das pessoas. Quando aprendemos isso, começamos a fazer as coisas dentro das possibilidades e da realidade e não apenas como imaginamos que deveriam ser.

7. Passamos a nos comunicar melhor

O elemento-chave desse aprendizado é desenvolver a habilidade de ouvir as pessoas, não superficialmente como normalmente fazemos, mas de verdade. Isso nos ajuda a ser mais coerentes também, o que é uma grande qualidade. Pessoas que são gentis em um momento e desagradáveis em outro não são confiáveis, e trabalhar com elas é um horror. Isso é muito comum em ambientes onde a comunicação é falha e as pessoas guardam para si suas opiniões e ressentimentos. Dizer aquilo que se pensa é o resultado direto do equilíbrio e da conexão. E quando as pessoas percebem qual é nossa verdadeira postura diante delas passam a valorizar nossa sinceridade.

8. Começamos a admitir com mais facilidade nossos próprios erros, defeitos e fraquezas

A maioria das pessoas "racionais" acha que é preciso ser perfeito para inspirar respeito ou ter sucesso. Isso não é verdade, muito pelo contrário. Todos cometemos erros e temos tanto fraquezas quanto qualidades. Saber reconhecê-las é sinal de maturidade.

9. Aumentamos nossa capacidade de ajudar os outros a desenvolver seu potencial

Quem tem mente e coração conectados é generoso e tem prazer em ver as habilidades e o entusiasmo dos outros; dispõe sempre de tempo e energia para ensinar, encorajar e inspirar.

10. Trabalho e vida pessoal se equilibram

Quem utiliza somente o raciocínio ou os sentimentos tem dificuldade para atingir o equilíbrio e sempre acaba trabalhando em excesso. Mas quem trabalha com a mente e o coração conectados sabe que o excesso nunca é bom. O diretor de uma grande corporação enviou certo dia um e-mail a toda a sua equipe dizendo: "Não quero vê-los aqui depois das seis da tarde". Foi uma atitude coerente e equilibrada, pois permitiu aos funcionários se dedicar mais à sua vida particular.

Pessoas que utilizam seu centro de conexão sempre têm tempo para si mesmas, por mais pressão que exista em seu trabalho. Conseguem entrar em qualquer ambiente com toda a calma e pensam antes de responder. Têm plena consciência de si e estão sempre equilibradas.

: : Exercício: Coloque os Pés no Chão

Pessoas racionais normalmente não têm muito contato com a energia do mundo que as cerca. Sua cabeça está sempre cheia, pesada e seu pescoço e ombros estão sempre tensos. Quando isso acontece, é preciso recuperar o equilíbrio e tirar o centro de energia da cabeça e a pressão do pescoço e dos ombros.

Fique de pé por alguns instantes e sinta o chão sob seus pés. Perceba sua força, solidez e a maneira como seu peso se acomoda sobre ele. Sinta sua conexão com a terra e como ela o equilibra. Respire fundo algumas vezes, relaxando e soltando os ombros. Imagine seu centro de energia descendo da cabeça para o plexo solar.

É um excelente exercício para fazer antes de entrar em uma reunião ou de enfrentar uma situação mais difícil. Depois de fazê-lo, você vai parecer calmo e equilibrado ao invés de tenso e agitado.

: : Como tirar o máximo proveito de uma reunião

Reuniões fazem parte da rotina da maioria das empresas e são mais freqüentes do que gostaríamos. Em muitas que já visitei as pessoas ficam preocupadas em participar de reuniões nem sempre produtivas. Longas e cansativas, a maioria delas termina deixando todos frustrados, desapontados e fazendo planos para outras sem nenhum resultado efetivo.

Mas quando estabelecemos a conexão mente/emoção começamos a ver as reuniões sob um prisma diferente. Só passam a ter valor quando chegam a um resultado e não tomam mais tanto tempo. Existem três tipos de reunião realmente eficazes que, quando combinados, favorecem o andamento de toda a empresa.

1. Reunião semanal

Deve ser feita logo pela manhã e durar no máximo 20 minutos. O mais importante é que todos participem. Isso a torna mais dinâmica, elimina as diferenças e tem resultados surpreendentes. Mesmo aqueles que normalmente ficam calados acabam participando neste tipo rápido de reunião, que é excelente para produzir e captar novas idéias.

2. Reunião formal com conteúdo predefinido

É a reunião normal que trata da rotina da empresa.

3. Reunião um a um informal

É algo simples, mas que faz toda a diferença. O chefe vai a cada mesa ou sala e pergunta o que pode ser feito para ajudar o funcionário a desempenhar melhor sua função. Causa certa tensão no início, mas quando é feita todos os meses as pessoas começam a gostar. É a chance de os dois lados serem honestos, de identificarem os problemas logo que eles surgem e de trocarem idéias. Quando as pessoas deixam os problemas se acumularem é comum surgirem barreiras que impedem um relacionamento produtivo. É mais fácil prever o sucesso ou o desastre quando se sabe o que acontece no ambiente de trabalho, o que se passa na mente das pessoas e qual o potencial de cada um. Reuniões um a um desse tipo equivalem a dizer: "Estou aqui e quero ajudar".

A supervisora de um grande escritório de advocacia veio me procurar e disse que sua equipe estava sobrecarregada e desmotivada. Perdia-se muito tempo com reuniões e relatórios e a atmosfera estava tensa e pesada. Ninguém tinha tempo sequer de dizer obrigado, quanto mais de conhecer um ao outro melhor. Sugeri que ela diminuísse o número de reuniões e as substituísse pelo tipo número três (um a um) durante meia hora por semana. Um mês depois, ela disse que algumas mudanças já tinham ocorrido e que sentia mais entusiasmo na equipe. Os funcionários estranharam quando ela começou a ir falar com cada um, mas a maioria gostou da oportunidade de falar sobre seus planos e preocupações. O ambiente estava mais leve, as pessoas sorriam e desempenhavam melhor suas funções agora que sentiam que estavam sendo valorizadas.

: : O barquinho na mesa de reuniões

Fundei há alguns anos a Columba 1400, uma instituição de caridade que visa a ajudar pessoas de todas as condições sociais a desenvolver seu potencial e suas habilidades. Uma das coisas mais importantes neste projeto era criar um ambiente em que todos pudessem falar e ser ouvidos.

O nome da instituição vem do lugar onde foi criada, a Ilha de Skye, em St. Columba, um viajante que percorreu o caminho da Escócia à Irlanda em 563 d.C. em um pequeno barco de madeira muito utilizado na época. Chegou à Ilha de Iona onde fundou um monastério, que se tornou o berço do Cristianismo celta na Escócia. Quando começamos a arrecadar fundos para caridade em 1997, decidi dar à instituição o nome desse grande homem. Fazia exatamente 1400 anos que ele havia falecido. Em sua homenagem, colocamos uma miniatura da embarcação na mesa de reuniões. Foi um dos primeiros itens de mobília a entrar no prédio.

Quando recebemos visitantes, jantamos nessa mesa e os convidamos a participar da "conversa a bordo". É uma tradição dos nativos norte-americanos cada um ter o direito de falar sobre algo que considere importante sem ser interrompido. Pode ser algo que o tenha tocado, algo que o incomode ou mesmo uma história que deseje compartilhar com todos. Esta atividade cria uma atmosfera agradável e ajuda a aproximar as pessoas.

Um grupo de acadêmicos que nos visitou há pouco tempo comentou que a conversa a bordo foi o momento mais agradável de sua viagem. Estão acostumados a participar de jantares de negócios com clima tenso e de muita competição, ficando sempre na defensiva e isso é muito cansativo. Acharam interessante poder compartilhar e trocar experiências daquela maneira e sentiram-se muito bem.

Esta é uma idéia que pode ser facilmente colocada em prática nas empresas. Sentar-se juntos, especialmente após uma refeição, cria uma atmosfera que permita a todos falar mais abertamente e ouvir uns aos outros.

Se cada pessoa compartilhar uma idéia, uma sugestão ou algo que descobriu, a empresa toda pode se beneficiar. O objetivo é que todos saiam se sentindo bem por compartilhar suas experiências.

> O diretor da Columba 1400 é um jovem canadense chamado Ian Chisholm, que chegou até nós como se fosse uma brisa de ar renovando o ambiente. É um bom exemplo de pessoa que utiliza bem a conexão entre mente e coração. Sempre que surge um problema, ele diz: "Vamos colocar tudo na mesa, conversar e resolver o assunto". Sua maneira simples e direta de agir surpreende as pessoas mais "racionais" e também as ajuda a estabelecer a conexão à medida que seguem seu exemplo.

: : Desenvolva novas habilidades

Networking é uma das palavras mais conhecidas do momento: um termo que significa que devemos estabelecer contato com o maior número de pessoas possível para expandir nossos negócios. Pessoalmente, considero isso algo sem sentido e ultrapassado, pois agir assim dificilmente permite estabelecer relacionamentos verdadeiros. Estou falando de contatos reais, de ter oportunidade de falar de si mesmo e de conversar sobre assuntos de interesse mútuo mesmo sem trocar cartões.

Se você gosta de estar com pessoas e de expandir seu círculo de amizades e de conhecimento, contatos comerciais acabam sendo um resultado natural. Pense nas pessoas primeiro e nos negócios depois e obterá muito sucesso. Quem absorve a identidade de seu emprego torna-se obtuso e afasta os outros.

Já vi muitos executivos de sucesso deixarem de fazer bons contatos por estarem nervosos e demonstrarem insegurança em seus contatos sociais.

> Dei treinamento a um jovem ministro e ele me confessou que detestava cargos públicos porque sempre acabava preso em um canto conversando com pessoas entediantes. Quando analisamos esse problema, ele me explicou que ficava extremamente ansioso quando tinha de aparecer em público. Entrava nos lugares de cabeça baixa, procurando alguém conhecido e que parecesse disposto a conversar. Com o treinamento, ele aprendeu a entrar nos lugares com calma, sorrindo e demonstrando segurança, a conversar com os garçons, o que descobriu ser muito importante, e a esperar calmamente que viessem conversar com ele. Assim podia escolher com quem interagir e passou a ter mais controle da situação. Algumas semanas depois, disse que seu medo de aparecer em público estava diminuindo e que começou até a gostar dos eventos sociais de seu ministério.

Quando estamos calmos e confiantes, é mais fácil desenvolver interesse genuíno pelas pessoas. A ansiedade nos impede de ouvir tudo o que elas têm a dizer e de estabelecer contatos. Saber transmitir calor humano é uma das qualidades de quem tem uma boa conexão entre mente e emoções. É algo que sempre podemos desenvolver e que vale a pena experimentar.

: : Para desenvolver essas habilidades, lembre-se sempre de:

1. Caminhar devagar

Mesmo que pareça estranho no começo, tente andar mais devagar e olhando para a frente ao entrar em uma sala. Jamais entre de cabeça baixa.

2. Sorrir

Mantenha sempre uma expressão aberta e harmoniosa. Sorrir atrai as pessoas.

3. Fazer perguntas

Deixe as pessoas falarem de si mesmas e daquilo que fazem. Não tenha pressa em falar de você.

4. Deixe os negócios para o final

Não precisa falar muito de seu trabalho ou se apressar em trocar cartões. Guarde tudo isso para o momento certo, ao final da conversa.

5. Mantenha o contato

Uma nota de agradecimento, um convite para um drinque ou para um almoço, um cartão de parabéns e até uma simples ligação são boas maneiras de manter o contato quando se conhece alguém interessante.

A pessoa mais comunicativa que já conheci foi um homem que começou como minerador e trabalhou até se tornar presidente de uma grande empresa fornecedora de maquinário para a indústria de óleo. Morava em uma pequena casa e acabou se transformando em um multimilionário, dono de 5.000 acres de terra. Mas apesar de toda essa riqueza, não se tornou arrogante nem deixou de se preocupar com as pessoas. Um dia, chegou em um clube de campo onde iria patrocinar um campeonato de golfe e, ao subir as escadas, cumprimentou o porteiro e perguntou se ele já havia almoçado. Quando o homem respondeu que não, pediu imediatamente que isso fosse providenciado e movimentou toda a equipe organizadora do evento. Com esse tipo de atitude e gentileza fazia amigos em toda parte. Dizia sempre que seus melhores e mais rentáveis negócios tinham sido com pessoas com quem passou a ter uma grande amizade. Mantinha contato com todos os que conhecia, interessava-se de verdade por eles e sempre soube esperar pacientemente pelo momento certo de fazer negócios.

: : Mantenha a conexão

Quem sente os resultados e recompensas de manter mente e coração conectados não quer mais parar. Mas como qualquer bom hábito, não se pode deixar de praticar. Em momentos de muito estresse, nossa tendência é deixar que o "coração" domine. É quando temos de parar por alguns minutos e perguntar:

1. Estou fazendo as coisas em meu próprio ritmo, independentemente da pressão dos outros para realizar tudo da maneira mais rápida?
2. Será que não preciso me afastar da situação por alguns instantes, sair e respirar ar puro ou respirar profundamente e colocar os pés no chão?
3. Estou tratando as pessoas ao meu redor de maneira justa e correta?

Lembre-se de que momentos de estresse são apenas momentos. Vão passar e ser esquecidos. Mantenha sua mente e seu coração sempre conectados e dificilmente vai tomar atitudes das quais mais tarde virá a se arrepender. A conexão nos faz estar sempre equilibrados, ajuda a conhecer melhor a nós mesmos, a entender o por que de nosso estilo de vida e de nossas atitudes e, principalmente, nos mostra para onde estamos indo.

:: Três ::

Aprenda a se cuidar

Muitas pessoas pagam um preço bem alto pelo sucesso. Todos conhecemos ou já ouvimos falar de executivos que engordaram muito, que se viciaram em exercícios, drogas e estimulantes ou de diretores que adoram um drinque a mais. Infelizmente, isso é muito comum em todas as empresas, sejam grandes ou pequenas.

Estas pessoas não vivem, apenas existem. Encontraram maneiras de conviver com todas as exigências ao seu redor, de ir além dos limites aceitáveis e de suas forças. Entregando-se a vícios como comida, exercícios, drogas, álcool ou trabalho, vivem entorpecidas para poder continuar sua vida hiperatarefada e estressante. Preferem evitar encarar a realidade utilizando estratégias para fugir dela e daquilo que mais costumam negligenciar: o cuidado com elas mesmas.

A maioria das pessoas não tem uma idéia exata do que seja se cuidar, de se manter física e mentalmente em forma e do que isso representa em termos de equilíbrio para o corpo, a mente e o espírito. No mundo corporativo, ignorar esse tipo de necessidade é algo muito comum, pois a regra é trabalhar em um ritmo alucinado. O resultado é uma grande massa de pessoas *beschränkt und erschöpft*. A frase em alemão, que descreve bem a situação, significa viver confinado, encurralado (*beschränkt*) e exausto (*erschöpft*). Você vive *beschränkt und erschöpft*? Está se obrigando a ir além de seus limites, ignorando os sinais do seu corpo e deixando de se cuidar?

: : Mas o que é se cuidar, afinal?

Muita gente trata este assunto com indiferença ou como algo superficial e desnecessário. Não tem idéia do quanto está equivocada. Cuidar de si mesmo é vital. Sem isso, pode ter problemas físicos, emocionais e mentais, que acabam afetando seu desempenho em todas as áreas e que podem até encurtar sua vida.

Cuidar bem de nós mesmos é uma questão de respeito e de valor. Se você valoriza a si mesmo e sua contribuição para com o mundo, compreende que vale a pena despender um pouco de tempo com isso. É um trabalho que exige autodisciplina e consciência de que não precisamos nos entregar à letargia ou nos sentirmos incapazes. Inclui alimentação apropriada, exercícios, quantidade de sono suficiente e evitar qualquer tipo de dependência, seja de estimulantes ou de comportamentos. De vez em quando, é preciso parar, analisar e equilibrar nossa vida pessoal e de trabalho para fazer alguns ajustes.

Negligenciar-se não é uma atitude inteligente, mas centenas de pessoas fazem isso. Conhecer a si mesmo também é se cuidar. É um hábito saudável para se cultivar e que, com o tempo, pode se tornar muito agradável. Começamos a estranhar quando encontramos alguém que não faça isso, pois para nós passa a ser um estilo de vida e algo que faz muito bem.

Sucesso conseguido à custa de saúde e de bem-estar tem pouco valor. O verdadeiro sucesso ocorre quando nos sentimos satisfeitos e equilibrados. Isso sim vale a pena.

> Participei certa vez de uma reunião com a diretoria de uma grande empresa inglesa e constatei que os cinco homens e as três mulheres ali tinham sérios problemas de saúde. Um deles tinha passado por uma cirurgia cardíaca havia pouco tempo e estava tomando muitos remédios. Outro tentava não demonstrar, mas obviamente tinha problemas com álcool. O terceiro estava muito acima do peso e o quarto passava por longos períodos de depressão e tinha de tomar antidepressivos. Outro fumava compulsivamente. Uma das mulheres estava magra em excesso, outra lutava contra o câncer e a outra sofria de sérios problemas de insônia e só conseguia dormir com o auxílio de remédios. Estas oito pessoas estavam ao redor de uma mesa tomando decisões que afetavam a vida de centenas de funcionários.

Estranho? Nem tanto. Doenças resultantes de excesso de estresse e de ansiedade não são novidade. Todos naquela reunião eram muito dedicados, eficazes e trabalhadores. Mas pareciam não saber cuidar de si mesmos.

Um deles, muito eficiente e dinâmico, quis que eu lhe desse treinamento e aconselhamento porque também sofria de insônia. Perguntei a ele o que fazia para cuidar de sua saúde. Ele me olhou sem saber o que responder e disse que tinha se inscrito em uma academia de ginástica mas que só tinha ido até lá umas três vezes nos últimos meses.

Estabelecemos então algumas metas que ele deveria cumprir, nada cansativo ou radical, apenas algumas modificações em seu estilo de vida. Começou a se exercitar regularmente, a se alimentar melhor e a passar menos tempo no escritório. Permitiu-se alguns prazeres também. Como gostava de cinema, começou a assistir a mais filmes. Gostava de passear ao ar livre e passou a fazer isso mais vezes. Decidiu também dedicar mais tempo à esposa e às duas filhas.

Três meses depois ele voltou ao meu escritório. Estava com aparência muito melhor e disse que tinha até jogado fora as pílulas para dormir. Pela primeira vez em muitos anos estava conseguindo tomar decisões sem se desgastar em excesso e se sentia muito bem. E qualquer um pode fazer isso. Aprender a se cuidar bem é como tomar uma injeção de energia e entusiasmo. Todo mundo quer.

: : Você deveria se cuidar melhor?

Responda "sim" ou "não" às seguintes perguntas:

- Sente-se cansado com freqüência quando vai para o trabalho?
- Faz uso de alguma coisa para ajudar a agüentar bem o dia? (Pode ser qualquer coisa, de café e açúcar em excesso a drogas ou álcool).
- Exercita-se muito pouco ou não se exercita?
- Sente irritação ou depressão com freqüência?
- Está abaixo ou acima do peso?
- Passa mais de dez horas por dia trabalhando?
- Está sempre apressado?
- Costuma se sentir sozinho e sem apoio?
- Come rapidamente qualquer coisa na hora do almoço/jantar?
- Faria alguma modificação em sua vida se pudesse?

Se respondeu "sim" a alguma delas é porque está na hora de parar e pensar. Se respondeu "sim" a mais de três é bom começar a cuidar melhor de você mesmo.

: : Ter boa saúde pode ser uma questão de escolha

Cuidar bem de si mesmo envolve cuidar bem de sua saúde. Forçar-se a trabalhar até a exaustão, passar o dia correndo e ignorar dores constantes pode acarretar sérios problemas de saúde. Doenças causadas pelo estresse são uma verdadeira epidemia no Ocidente. Muitas pessoas nem chegam a viver o suficiente para se aposentar. Ter atenção para consigo mesmo não deve ser uma tarefa a mais em sua lista de afazeres diários. Se a considerar assim, será simplesmente mais um compromisso que deixará de cumprir. Tente pensar nisso como uma recompensa, algo que o fará se sentir melhor e ter mais vontade de se levantar de manhã com mais energia e saúde. O preço é apenas um pouco de autodisciplina e uma mudança na maneira de ver as coisas.

: : Oito maneiras simples de cuidar de sua saúde

1. Alimente-se bem

Um carro não anda sem combustível. Se você não abastecer o corpo com os nutrientes necessários, ele vai enfraquecer e adoecer. As regras para uma boa alimentação são muito simples:

- Coma o suficiente, não em excesso;
- Evite *fast-food* e açúcar;
- Ingira muitas frutas e legumes;
- Diminua o consumo de carne vermelha, de álcool e de café;
- Beba muita água. Estudos provam que as crianças se desenvolvem e aprendem melhor quando bebem muita água. O mesmo vale para os adultos.

2. Faça exercícios

Um corpo sem exercícios se enrijece, começa a doer e fica cada vez mais tenso. Exercícios nos fazem relaxar e sentir melhor. Escolha algum tipo de esporte ou atividade física de que goste e pratique-a regularmente. Caminhadas também fazem bem desde que sejam em ritmo acelerado por meia hora e ao menos três ou quatro vezes por semana.

3. Durma o suficiente

Embora represente um grande benefício para a saúde, o sono é normalmente relegado a segundo plano. Quando foi a última vez que você observou como anda a qualidade de seu sono e se permitiu relaxar de verdade em vez de simplesmente se obrigar a ir para a cama? Dormir bem algumas noites seguidas, digamos, em um final de semana, pode ter um grande efeito sobre nossa aparência, humor e rendimento de trabalho.

Somente há pouco tempo descobri os benefícios de um bom banho quente de imersão de 20 minutos seguido de uma xícara de chá de camomila para induzir o sono e de uma ida para a cama um pouco mais cedo. Que tal? Não custa experimentar.

4. Permita-se alguns benefícios

A palavra "benefício" para mim está relacionada a "alternativas" não convencionais quando se trata de cuidar bem da saúde. A maioria das pessoas pode se sentir um tanto constrangida quando se trata de benefícios ou de relaxamento, mas vale a pena experimentar. Fiquei um pouco sem graça quando descobri, em uma viagem cheia de compromissos que fiz aos Estados Unidos, que minha esposa havia marcado uma massagem com aromaterapia para mim. Foi uma excelente sessão de relaxamento e desintoxicação e fiquei agradecido a ela pelo "benefício" que me proporcionou. Há diversas formas de terapia alternativa no mercado e vale a pena procurar algo que o ajude a relaxar, a manter a boa saúde e a se sentir melhor.

5. Diminua seu ritmo

Passar a vida em ritmo acelerado é péssimo para a saúde. Além do mais, ninguém consegue viver assim por muito tempo. O corpo se recusa a continuar e acabamos ficando doentes ou com problemas emocionais. Porém, mesmo sendo algo tão prejudicial, a maioria das pessoas vive à base de adrenalina, um hormônio produzido em momentos de perigo ou de grande estresse nos quais temos de escolher entre fugir ou lutar. Quando produzida com muita freqüência, causa um grande desgaste no organismo, especialmente no fígado.

Aprender a reduzir nosso ritmo para níveis mais adequados é um grande desafio, mas vale a pena. Comece tentando descobrir maneiras de desacelerar e de utilizar seu tempo para fazer algo por si mesmo e pelas pessoas. Experimente parar por alguns minutos entre um compromisso e outro ao invés de tentar cumprir "desesperadamente" sua lista de tarefas do dia.

> O padre Dominic Milroy, reconhecido ex-diretor de uma das maiores escolas católicas da Inglaterra, a Ampleforth College, de Yorkshire, dava palestras e participava de muitos eventos no país todo. Dizia que "nunca retornava a Ampleforth no mesmo dia ao final de suas apresentações". Sua mente, seu corpo e seu espírito precisavam de um pouco de descanso para desempenhar bem as tarefas que o aguardavam.

Você já parou para avaliar o tempo que precisa para se recuperar de um grande evento ou compromisso? Conhecer bem a nós mesmos exige que tenhamos consciência daquilo que precisamos para desempenhar nosso trabalho com o máximo de eficiência.

Uma das coisas mais interessantes que aprendi observando as pessoas é que se deve relaxar lendo um bom livro durante as viagens de avião em vez de passar o tempo todo revisando papéis e documentos de trabalho. Os executivos mais bem-sucedidos e equilibrados não se desgastam tanto durante suas viagens.

6. Aceite ajuda

Muitas vezes achamos que determinadas escolhas, mudanças e decisões têm de ser tomadas sem qualquer ajuda. Quanto mais se sobe na escada corporativa, menos se recorre ao auxílio alheio. Muitos executivos acreditam que, por estar em cargos de chefia, não devem ser vistos como pessoas que dependem da ajuda e dos conselhos de outras. Acabam se esquecendo que uma voz amiga, uma boa sugestão ou um empurrão na direção certa podem ter um imenso valor. É por isso que meus clientes me procuram. Apesar de todo o seu sucesso, muitos se sentem isolados e sem apoio. O simples fato de decidir procurar ajuda, seja por meio de treinamento ou de aconselhamento, já é um ato de generosidade que podemos ter para com nós mesmos.

Da mesma maneira, a ajuda de um *personal trainer* pode ser de grande valia e fazer toda a diferença quando decidimos entrar em forma. No meu caso, Dan, o professor de natação de meu filho mais novo, ajudou-me muito. Com bom humor e muita paciência, ele me convenceu a me exercitar e a me alimentar de maneira mais saudável sem que eu associasse a experiência a uma obrigação.

7. Seja sincero para consigo mesmo

Isso significa ter coragem para confiar em sua capacidade de julgamento independentemente daquilo que os outros possam pensar ou tentar convencê-lo a acreditar. Tome decisões baseado em suas crenças pessoais e as mantenha. Caso contrário, vai se sentir traindo a si mesmo e isso pode abalar sua estabilidade mental e emocional. Desenvolva o hábito de avaliar suas crenças e pontos de vista em relação aos fatos, especialmente em momentos difíceis. Digo isso porque muitas pessoas, mesmo as mais experientes, agem baseadas em conceitos e crenças das outras. Considere primeiramente seus pontos de vista para depois avaliar os daqueles ao seu redor, aceitando as diferenças e descobrindo os pontos em comum.

8. Divirta-se

O riso traz benefícios imensos para a saúde. Aumenta a sensação de bem-estar e tem propriedades terapêuticas comprovadas e documentadas pela ciência. As crianças riem diversas vezes ao dia enquanto os adultos podem passar diversos dias sem expressar alegria. Até mesmo um sorriso tem valor pois libera uma grande quantidade de substâncias químicas no cérebro e causa bem-estar tanto a quem sorri quanto àqueles ao seu redor. Tente sorrir mais. Procure motivos para rir. A vida é séria mas tem um lado alegre.

Jane era executiva e passava todo o tempo tentando conciliar seu alto cargo em uma empresa têxtil com seu papel de esposa e de mãe de duas crianças. Quando veio me procurar ainda conseguia manter a calma, mas se sentia exausta e com medo de adoecer. Percebeu, à medida que falava, que cuidava de todos menos de si própria. Tinha medo de ter de deixar seu cargo na empresa.

Conversamos muito e estabelecemos algumas metas a longo prazo. Ela tirou as crianças da creche e contratou uma babá profissional e qualificada, o que a deixou mais tranqüila e lhe deu mais tempo livre. Como vivia de sanduíches e trabalhava em casa até tarde depois que as crianças iam dormir, seguindo meu aconselhamento começou a se alimentar melhor e deixou de levar trabalho para casa durante dois meses. Passou a fazer sessões de massagem semanais e viajou com o marido em um feriado prolongado. Dois meses depois me disse que estava se sentindo muito melhor e que até sua aparência estava diferente.

: : Equilíbrio entre vida pessoal e de trabalho

Uma das melhores maneiras de cuidarmos bem de nós mesmos é encontrando um ponto de equilíbrio entre nossa vida pessoal e de trabalho. Este é o verdadeiro segredo do bem-estar.

Muitas pessoas trabalham em excesso. No mundo de hoje, parece existir uma cultura em que todos têm orgulho de trabalhar muitas horas por dia como se isso fosse uma virtude, independentemente de todos os problemas que possa acarretar. Quem trabalha um número excessivo de horas não tem tempo suficiente para seu cônjuge, seus filhos e seus amigos, de modo que os relacionamentos acabam sendo afetados. Corre dois tipos de riscos então: o de se transformar em uma pessoa entediante e solitária e de perder, juntamente com o emprego, a noção de seu verdadeiro eu.

Nenhum trabalho justifica um número excessivo de horas. Ser eficiente envolve desempenhar todas as tarefas dentro do horário normal. É claro que em alguns momentos precisamos de horas extras, mas não todos os dias.

Se você trabalha sempre até mais tarde, pergunte-se qual a razão. De onde vem a pressão para que isso ocorra? De você mesmo, da empresa, de seu chefe ou há poucos funcionários em seu departamento? Qualquer que seja o motivo, uma vez identificado, você poderá decidir o que fazer para estabelecer um equilíbrio.

Parece complicado? Mas não é. Quando decidimos realmente fazer modificações, nada nos detém. É claro que não se faz isso da noite para o dia. Trata-se de um processo lento e gradativo, mas plenamente possível.

Se você tem dificuldades em estabelecer um equilíbrio entre trabalho e vida pessoal, é preciso descobrir o motivo. Trabalhar menos horas pode nos forçar a enfrentar algo que evitamos como problemas em casa ou mesmo a falta de um relacionamento mais íntimo. Quando resolvemos modificar nossa vida, algumas áreas mais complicadas acabam ficando expostas, causando sofrimento. É difícil aceitar o fato de que uma parte de nossa existência foi totalmente ignorada e que requer atenção. Mas há um lado bom nisso: a chance de recomeçar, e da maneira certa.

Lembre-se de que quanto mais equilibrado você estiver mais fácil será lidar com as dificuldades de seu trabalho. Ficar até mais tarde no escritório é um eterno ciclo: quanto mais se trabalha mais trabalho aparece. Está na hora de dizer "chega"!

> Sarah era uma mulher ambiciosa e determinada. Lutou muito até alcançar um cargo mais alto no banco onde trabalhava. Dedicada e muito consciente de sua posição em um mundo dominado por homens, jamais faltou por motivo de saúde e sempre trabalhava até tarde, chegando a casa sempre após as dez da noite. Aos 38 anos, sua experiência de trabalho era invejável mas sua vida pessoal era vazia. Tinha poucos amigos, morava sozinha e não namorava havia mais de três anos. Foi então que começou a rever sua vida e a tentar estabelecer um equilíbrio, mas sabia que deveria fazer algumas modificações. Nos seis meses seguintes se comprometeu a diminuir suas horas no escritório. Descobriu que, mesmo saindo às seis da tarde, ainda conseguia fazer um excelente trabalho. Até seu chefe comentou que tinha ficado aliviado ao perceber que ela já não trabalhava mais tantas horas por dia. Sarah começou a utilizar a energia que concentrava apenas no trabalho em sua vida social e até conheceu alguém com quem poderia se casar.

: : Exercício: Os Seis Cilindros

Este é um exercício que costumo utilizar com meus clientes para ajudá-los a identificar as áreas de sua vida que necessitam de equilíbrio. É como um motor. Se quisermos utilizar todo o nosso potencial, precisamos ter os Seis Cilindros funcionando bem. Se um deles estiver fora de sintonia, acabará afetando todo o resto.

Os três primeiros cilindros estão relacionados a trabalho e por isso a maioria de meus clientes não tem problemas com eles. Já os três últimos estão relacionados à vida fora do trabalho e são os que meus clientes normalmente têm mais dificuldades em colocar para funcionar, pois ficam quase sempre em segundo plano.

Mas os seis são igualmente importantes. Temos de trabalhar com todos eles para que nossa vida seja realmente equilibrada, pois do contrário o motor não tem como funcionar. Se alguma peça estiver faltando ou fora de lugar, ele não gira e faz um barulho estranho. Pare por alguns instantes e analise os Seis Cilindros. Estão todos funcionando bem?

Estratégia (consciência)

É a habilidade de observar as situações sob um ponto de vista diferente para obter uma análise mais completa. Você se mantém consciente de seu papel, consegue fazer planos com antecedência e reconhece as oportunidades assim que elas surgem.

Tomada de decisão (foco)

É a habilidade de discernir entre aquilo que é ou não importante e de tomar decisões com justiça e equilíbrio.

Outros interesses (criatividade)

Você abre espaço em sua vida para a criatividade e para interesses não relacionados a trabalho? Sai para dançar, pinta, canta, pratica esportes, escala montanhas ou faz alguma coisa que lhe dê prazer?

Personalidade (integridade)

As pessoas confiam em você e contam com o seu apoio? Você se conhece bem, sabe até onde pode ir e quando avançar?

Esta área inclui seus relacionamentos amorosos, de família e com os amigos.

Administração (perseverança)

Envolve a administração dos assuntos pessoais, do tempo, a disciplina e a habilidade de cumprir todos os compromissos de sua vida com eficiência.

O lado humano (serviços)

É a habilidade de estabelecer conexão com o mundo. Você contribui para com seu bairro e sua comunidade? Ajuda a quem está precisando? Esta área envolve o aspecto generosidade e a capacidade de dar sem esperar recompensas.

: : Hora de refletir

Descobrir quais áreas de sua vida não estão indo bem ou precisam ser renovadas é o primeiro passo. O próximo é colocar tudo em ordem. Quando descobrimos que alguns cilindros do motor não estão funcionando, o que podemos fazer para solucionar o problema?

Alguns de meus clientes querem partir imediatamente para a ação fazendo listas de tarefas, planos e projetos para modificar sua vida. Mas sempre digo que terão os melhores resultados se fizerem exatamente o contrário. A atitude mais correta nesse momento é justamente parar para refletir, rever e mudar o foco. Acredito que "esfriar e acalmar" é sempre a melhor estratégia. Esfriar os ânimos e acalmar a mente, liberar espaço e recuperar a energia necessária para reequilibrar os diversos aspectos de nossa vida. Portanto, ao invés de começar a agir, pare, deixe que as coisas se acalmem e as melhores soluções virão à sua mente.

Rudolph Giuliani, prefeito de Nova York durante a tragédia de 11 de setembro de 2001, disse que nos momentos mais difíceis de sua vida sentava-se quieto em sua sala, pedia que lhe fizessem uma massagem nos ombros e refletia sobre o que fazer. Winston Churchill foi outro grande exemplo de que se deve sempre parar e pensar antes de agir. Saiu de sua sala em 1930 e se refugiou do mundo em sua casa de campo, construindo uma parede tijolo por tijolo. Até então não fazia idéia de que entraria para a história da Inglaterra na Segunda Guerra Mundial, mas quando isso aconteceu estava preparado, pois teve tempo de rever sua vida e de renovar as energias.

> Ian era diretor de uma empresa multinacional e marcou uma reunião comigo porque estava extremamente estressado. Fez o Teste dos Cilindros e descobriu, para sua surpresa, que as áreas de trabalho e de família estavam bem mas que o lado humano e os outros interesses tinham sido relegados a segundo plano. Começou a refletir sobre como isso tinha acontecido e quais mudanças deveria fazer para reequilibrar sua vida. Quando veio me ver novamente, disse, entusiasmado, que havia participado de corridas quando era mais jovem e que tinha certo talento para música. Decidiu retomar essas atividades e aceitou o desafio de participar de uma maratona. Passou a dedicar algumas horas da semana ajudando a formar um time de futebol em seu bairro. Agora que os Seis Cilindros funcionavam bem, Ian começou a se sentir melhor, mais relaxado e a produzir ainda mais em seu trabalho.

: : Ansiedade

Ansiedade é a praga dos dias de hoje. Pode debilitar nossa saúde e destruir nossa felicidade se permitirmos. Quem é dominado pela ansiedade não consegue cuidar bem de si próprio ou viver de maneira equilibrada. Muitos de meus clientes têm uma vida maravilhosa mas não a vêem assim. A nuvem negra de ansiedade que os rodeia não permite que aproveitem tudo o que têm em suas mãos.

Mas o que os deixa tão ansiosos? Tudo e todos. As razões são inúmeras. Será que aquele negócio vai dar certo? Vou ser despedido? Chegarei a me aposentar? Como superar as dificuldades monetárias? Meu casamento vai durar? Vou conseguir resolver os problemas de meus filhos?

Se você tem tendência à ansiedade, o ciclo pode ser um pouco mais difícil de quebrar. Mas algumas técnicas simples podem ajudar.

: : Mantenha seu foco no sucesso

Quem não é ansioso faz isso naturalmente, mas é algo fácil de aprender. Quando os problemas e as preocupações surgirem em sua mente simplesmente se recuse a manter o foco neles. Tente pensar em outra coisa, algo mais positivo e que lhe dê a sensação de prazer, sucesso ou otimismo. Você pode substituir, por exemplo, a frase "será que o negócio vai dar certo?" por "o último foi excelente e este também será". Quando se deixa uma preocupação ocupar a mente, ela se torna cada vez maior e incomoda mais. E o mesmo ocorre com pensamentos positivos. Eles têm um grande poder de modificar a maneira como nos sentimos e nos mantêm bem o dia todo.

: : Faça uma limpeza mental

É algo que devemos fazer sempre, principalmente no início e no fim do dia. Esvazie e mente ao som de música relaxante, olhando para uma paisagem bonita ou simplesmente "ouvindo" o silêncio durante alguns minutos. Este tipo de "limpeza" mental tem resultados excelentes. A mente fica livre, descansada e novas idéias têm espaço para se desenvolver. No filme *Os pistoleiros do Oeste*, Larry McMurtry descreve esses momentos do capitão Woodrow Call: "Era algo que sempre fazia. Ia para um canto sozinho para pensar... normalmente sobre alguma situação difícil que estivesse cansando sua mente. Mergulhava em uma espécie de vácuo e voltava um tempo depois pronto para colocar em ação algumas idéias em que nem tinha pensado antes".

: : Saiba quando se preocupar

A história a seguir ilustra bem o que quero dizer. Marmaduke Hussey, diretor do *The Times*, perguntou certa vez a seu amigo Alec Douglas-Home, que era então Primeiro-ministro: "Como você consegue lidar com tantas preocupações?" Alec respondeu: "Só me preocupo com aquilo que posso resolver". Não se preocupar com as coisas que não se pode resolver ou mudar é uma atitude muito sensata, que permite à mente se equilibrar. Comece identificando as coisas que você pode ou não pode modificar.

> Um cliente admitiu, em sua segunda sessão de treinamento, que a ansiedade estava tomando conta de sua vida. Preocupava-se tanto com tudo que isso acabou se tornando um hábito. Uma preocupação substituía a outra e assim por diante. Pedi então que fizesse uma "limpeza mental" no início e ao fim de cada dia e que focasse a mente em coisas boas em vez de em preocupações. Isso levou algumas semanas, mas ele finalmente retornou e disse que estava se sentindo bem melhor e mais seguro. Quando a mudança de postura mental se tornou uma atitude natural, ele passou a procurar o lado positivo das coisas da mesma maneira que antes procurava motivos para se preocupar. Disse: "O mais engraçado é que quando os problemas surgem eu consigo resolvê-los mais facilmente agora que não fico o tempo todo pensando neles".

: : Saiba quando parar

Equilibrar nossa vida e cuidar melhor de nós mesmos nos permitem saber a diferença entre "suficiente" e "demais". Muitas pessoas não sabem quando parar e isso causa uma série de problemas. Ter essa noção pode ser a diferença entre dar uma palestra entediante ou inspiradora. Ou de manter a calma e perder a paciência.

Vivemos na sociedade do "quero e quero agora". Mas as pessoas sensatas sabem que nem sempre o melhor momento para agir é o momento presente. Parar uma reunião no ponto apropriado e agendar outra é melhor do que estendê-la até todos estarem exaustos e tomarem qualquer decisão somente para terminar mais rápido.

Todos temos noção do que é "suficiente" e do que acontece quando ultrapassamos determinados limites. O resultado é estresse, exaustão e irritação, que podem acabar causando dores de cabeça ou mesmo uma explosão de raiva.

: : Encoraje e incentive a si mesmo

Cuidar bem de nós mesmos envolve incentivo e encorajamento. Afinal, se não reconhecemos nossos próprios talentos, esforços e conquistas, como podemos esperar nos sentir bem? E se não estamos bem com nós mesmos não podemos desfrutar a vida ou todas as coisas boas que merecemos ter.

Quando meus clientes vêm me procurar é porque estão descontentes ou desanimados com relação a algum aspecto de seu trabalho ou de sua vida. Peço então que me falem de suas conquistas, dons e dos milagres que já aconteceram em sua vida. A maioria das pessoas relutam um pouco no início, mas depois acabam gostando, pois o exercício as faz lembrar de muitas coisas boas que já tinham esquecido ou deixado de lado. Elas dizem que repassar essa lista as faz recobrar o ânimo e a vontade de seguir em frente e de enfrentar o futuro. Encorajar a si mesmo não é um ato de condescendência ou de autopiedade. É uma maneira eficaz de recobrar o ânimo e ver as coisas sob uma perspectiva diferente.

> Dei treinamento para um homem muito exigente consigo mesmo e, conseqüentemente, com todos ao seu redor. Era um atuário, uma pessoa que calcula riscos de seguros, extremamente inteligente mas não muito benquisto na empresa em que trabalhava. Tinha necessidade de estar sempre certo e tudo o que fazia deveria ser exato, preciso e sem margem de erro. Se alguém lhe apresentava uma idéia ou projeto, ele logo fazia críticas e indicava problemas e dificuldades em potencial.
>
> Passamos algum tempo avaliando sua personalidade. Ele reconheceu que seu pai tinha sido muito duro com ele e que seu comportamento era conseqüência de uma necessidade de reconhecimento e aprovação. Pedi que me falasse de suas conquistas e qualidades e ele se mostrou um tanto inseguro no início, mas percebeu que tinha muito do que se orgulhar. Começou então a encorajar e a incentivar a si mesmo e acabou se aceitando, o que acarretou grandes mudanças em sua personalidade.
>
> O passo seguinte era tentar fazer alguma coisa em que pudesse cometer erros e então ele decidiu começar a praticar um antigo esporte escocês chamado *curling*[1]. Com essa nova atividade, ele não apenas aprendeu a perder com estilo mas também fez novos amigos, que o consideravam companheiro e bom jogador. Isso se refletiu em seu trabalho, onde passou a ser mais gentil e suave com as pessoas e estas começaram a recorrer a ele para pedir conselhos e informações. Foi realmente uma grande transformação.

1. Jogo escocês em que pedras arredondadas devem deslizar sobre o gelo para atingir um alvo. (Nota da Tradutora)

: : Desenvolva seu lado espiritual

Cuidar de nós mesmos também envolve explorar e desenvolver nosso lado espiritual. Como seres humanos, somos capazes de compreender e de alcançar altos níveis de desenvolvimento. Mas se não exploramos essas possibilidades acabamos sentindo falta de paz e de satisfação mais profundas. Acreditar que existe um propósito e uma razão para estarmos vivos e que somos parte de uma energia ou poder maior que pode nos ajudar em momentos de dificuldade é fundamental para nosso desenvolvimento espiritual. Qualquer que seja nossa forma de crença ou de conhecimento espiritual, ela nos faz sentir mais completos e acima dos problemas do dia-a-dia.

Muitas pessoas preferem ignorar essa área, deixando-a de lado para se preocupar com os aspectos mais práticos e com as exigências do mundo ao seu redor. Mas desenvolver o lado espiritual (e todos temos um) é algo muito simples e que pode nos ajudar a enfrentar os problemas e a ter uma vida mais completa. Sem isso, nos tornamos pessoas insípidas, sem objetivos verdadeiros e tudo se transforma em uma tarefa árida e difícil.

Há muitas formas de espiritualidade que se podem desenvolver e todas trazem bem-estar e satisfação pessoal. Santo Ambrósio de Milão dizia: "Desenvolve a paz dentro de ti mesmo, pois quando estiveres em paz, poderá transmiti-la aos outros". Cada um pode descobrir seu próprio caminho para encontrar a paz. É uma mera questão de aprender que a alma faz parte das circunstâncias e do mundo que nos cerca. Pode estar em um belo pôr-do-sol, em uma caminhada pela praia ou em algum lugar onde nos sintamos felizes e amados. Também pode estar em uma religião ou em uma prática individual como a meditação.

Mas se você estiver preparado para disciplinar seu corpo e sua mente, a jornada para a espiritualidade pode ser ainda mais interessante. Descobrir seu lado espiritual é importante para que você possa se conhecer melhor e saber quem realmente é, por que tem esse estilo de vida e de trabalho e o que pretende ser e fazer no futuro. A espiritualidade pode trazer grandes benefícios para sua saúde, além de muita paz e compreensão. Permite esquecer os erros do passado, entender melhor a vida e manter sempre o equilíbrio, independentemente do que possa acontecer.

: : Exercício: o Teste DCD

Trata-se de um teste extremamente simples, porém muito útil quando precisamos avaliar nossa vida. Leva apenas alguns minutos e pode revelar informações importantes. Basta perguntar a si mesmo quanto tempo tem dedicado a cada uma das seguintes áreas de sua vida:

- Desenvolvimento
- Contribuição
- Divertimento

Se você se dedica igualmente às três, isso significa que sua vida está equilibrada. Mas se uma delas estiver sendo relegada a segundo plano (exemplo: você tem se desenvolvido bastante e contribuído muito com as pessoas mas não tem se divertido) o simples fato de identificar e reconhecer o problema pode ajudá-lo a encontrar um ponto de equilibro. Então sua vida passará a ser muito melhor.

: : Quatro : :

Seja você mesmo no ambiente de trabalho

A grande maioria das pessoas leva uma vida dupla, sendo uma pessoa no trabalho e outra em casa. Parece estranho? Vou explicar. Já pude observar muita gente carinhosa e companheira com seus cônjuges e filhos em casa se transformar totalmente no momento em que entra no escritório. São pessoas tranqüilas e descontraídas à mesa de jantar mas extremamente rígidas à mesa de reuniões.

Este capítulo trata da importância de sermos no trabalho aquilo que somos em casa e vice-versa, ou seja, de mantermos sempre o equilíbrio, de estarmos abertos e perceptivos em todas as situações, não apenas em nossa vida pessoal. Se sua família e seus colegas de trabalho o enxergam de maneira diferente, isso é sinal que você se divide e deixa em casa uma parte de si mesmo que poderia enriquecer sua vida no trabalho. Acredito que devemos ser sempre nós mesmos com todos os nossos atributos, defeitos e características onde quer que estejamos.

Pude observar melhor essa habilidade de separar a personalidade doméstica da de trabalho quando conheci o marido de uma funcionária pública para quem dei treinamento. Ela trabalhava muito bem, mas tinha dificuldades em motivar sua equipe e fui contratado para ajudar a resolver o problema. Após algumas sessões, passei a acompanhá-la em suas reuniões e enquanto dava instruções a seus funcionários. Fui também a um almoço dela com o marido, que trabalhava em casa e cuidava das crianças na maior parte do dia. Sentamo-nos e comecei a conversar com ela sobre alguns aspectos importantes em que ela deveria concentrar sua atenção. O marido comentou então: "Você tem razão em muitos pontos, mas há algo que não sabe. Ela não é a mesma pessoa em casa e no trabalho".

Explicou então que a mãe muito carinhosa que deixava os filhos na escola pela manhã se transformava em outra pessoa à medida que se aproximava do escritório. Adorava cantar, fazer trabalho voluntário na escola e passear de bicicleta com a família, mas da porta do trabalho para dentro era uma pessoa séria e sem tempo para assuntos pessoais.

Percebi isso claramente quando voltamos ao escritório. Enquanto ela atendia a um telefonema, fui falar com outra pessoa do departamento, Anne, que estava muito contente porque sua filha mais nova tinha acabado de se formar na Universidade Glasgow Caledonian. A mais velha também havia se formado em uma das universidades de Glasgow e a do meio em Strathclyde. Anne sentia que havia feito um bom trabalho com elas. Quando voltei à sala de minha cliente e comentei sobre a alegria de Anne seu único comentário foi: "Mas quem é essa Anne, afinal?"

Essa ausência de relacionamento com os outros membros de seu departamento indicava o nível de pressão a que era submetida. Se o lado mais tranqüilo que tinha em casa como mãe, esposa e voluntária estivesse presente também no trabalho, ela com certeza conheceria bem a todos os seus colegas. Mas mantinha as duas áreas muito bem separadas.

: : Medos e enganos

A razão pela qual tantas pessoas se comportam de maneira diferente em casa e no trabalho é medo. Têm receio de "baixar a guarda", de parecer vulneráveis e se tornar alvos fáceis. Imaginam que se revelarem muitas informações sobre si mesmas, relaxarem um pouco e tiverem atitudes mais gentis acabarão sendo esfaqueadas pelas costas. Pensam que manter uma postura mais rígida e defensiva pode ajudá-las a fazer um trabalho melhor e a se proteger.

Mas o que ocorre é justamente o contrário. Quanto mais rígidos e inflexíveis nos mantemos no trabalho, mais óbvios nos tornamos para as pessoas, que acabam nos evitando e isso interfere em nossa carreira. Mas, quando deixamos a personalidade que temos em casa se manifestar em nosso trabalho, acabamos sendo mais humanos, mais interessantes e conseguimos manter um ritmo melhor e mais estável de produção.

Em um treinamento sobre liderança para uma agência do governo pedi a todos que participassem de um exercício envolvendo troca de informações pessoais. Só então duas das executivas, que trabalhavam juntas havia muitos anos, descobriram que tinham em comum uma paixão por balé. E dois outros, que adoravam futebol e torciam pelo mesmo time, tinham cadeira cativa próxima uma da outra no estádio e nunca souberam que freqüentavam sempre o mesmo lugar. Acabaram se tornando amigos. Algum tempo depois, o departamento em que trabalhavam passou por várias dificuldades políticas e internas. Porém, conhecendo-se melhor, conseguiram superar a fase difícil com mais força e união.

Em sua música *The rose* [A rosa], a cantora e atriz Bette Midler fala do alto preço que pagamos pelo medo de nos expor:

> *It's the heart afraid of breaking that never learns to dance,*
> [O coração que tem medo de se machucar jamais aprende a bater]
> *It's the dream afraid of waking that never takes the chance,*
> [O sonho que tem medo de continuar jamais se realiza]
> *It's the one who won't be taken who cannot seem to give,*
> [Aquele que não se entrega jamais aprende a oferecer]
> *And the soul afraid of dying that never learns to live.*
> [E a alma que tem medo de morrer jamais aprende a viver]

É o que acontece com as pessoas que acreditam que separar totalmente a vida de trabalho da particular é o mais certo a se fazer. Não se sentem à vontade para falar de si mesmas e acabam parecendo frias, distantes e insinceras.

> Um jovem banqueiro australiano se mostrava tão insensível e frio com os colegas que acabava passando uma imagem de insegurança. Tomava tanto cuidado em não falar de sua vida particular que acabaram concluindo que ele era frio e indiferente fora do ambiente de trabalho também.
>
> Participou de um seminário da empresa e durante o intervalo, enquanto todos conversavam sobre sua vida pessoal, revelou que tinha dois filhos, de um e de dois anos de idade, e que sua esposa estava esperando o terceiro. Seu rosto se iluminou enquanto falava e mostrou um lado que ninguém ali conhecia, mais caloroso e alegre. Surpreso, um dos colegas disse: "Não sabia que você era pai". O banqueiro respondeu que, como ninguém jamais perguntou sobre sua vida pessoal, entendeu que não devia falar muito a respeito.

A história ilustra o seguinte lema: "Não espere até alguém perguntar!" Seja você mesmo o tempo todo, fale de sua vida pessoal, de seus interesses e de sua família. Isso ajuda a estabelecer relacionamentos melhores e transmite uma imagem mais coerente e interessante às pessoas. Quem simplesmente desempenha um papel na empresa e mostra um único lado de sua personalidade está perdendo a grande chance de se empenhar e se envolver mais profundamente com seu trabalho, com seus colegas e com a vida. Ser a mesma pessoa em casa e no trabalho mostra coerência. Mas para fazer isso é preciso conhecer bem a si mesmo e ter o coração e a mente conectados para integrar o lado generoso, carinhoso e aberto ao astucioso, alerta e decidido de sua personalidade.

Agir assim é bem menos estressante, desgastante e mais fácil do que ficar alternando comportamentos todos os dias. Esconder um lado de nós mesmos no trabalho para evitar nos expor é uma ilusão, pois a atitude mais segura a tomar é justamente ser honestos e abertos se desejamos realmente alçar vôo em nossas carreiras.

Ian Chrisholm, um executivo da empresa Columba 1400, que prestava serviços para a American Management Association – AMA [Associação Americana de Administração] e coordenava uma operação de treinamento para jovens executivos, foi convidado a dar uma palestra no Congress of Native American peoples [Congresso Anual de Nativos norte-americanos]. Ao decidir o que iria usar, pensou em algo que refletisse o gosto dos norte-americanos de sua geração. Mas quando chegou ao evento, viu que todos estavam formalmente vestidos. Arrependeu-se da escolha.

No ano seguinte foi convidado novamente e dessa vez não pensou duas vezes: ao invés de tentar se parecer com um norte-americano, decidiu seguir o estilo escocês de seus ancestrais e usou um kilt. Sentiu-se bem mais à vontade e os nativos também. Foi recomendado como representante de sua nação.

Costumamos imaginar que o mais certo a fazer é nos misturar à multidão e não tentar destacar nossa personalidade. Mas há aqueles, como no exemplo dos nativos desta história, que preferem nos ver como realmente somos, ou seja, diferentes.

: : Exercício

Como você é no trabalho e em casa? Faça por escrito uma descrição de como imagina que as pessoas o vêem. Comece pela descrição de sua personalidade em casa. Depois compare as duas. São muito diferentes?

Se desejar, mostre as listas para alguns colegas e para as pessoas em sua casa e observe as reações delas (não é preciso fazer isso se não se sentir à vontade). O objetivo do exercício é fazê-lo descobrir mais sobre si mesmo e sobre as diferenças entre seu comportamento no trabalho e em sua vida pessoal.

: : Sua personalidade novinha em folha

Integrar as características de sua personalidade em casa e no trabalho pode fazer maravilhas por você. Muitos de meus clientes descrevem a experiência como se estivessem reiniciando sua vida e se transformando em pessoas totalmente diferentes. Passam a ver seu trabalho, sua vida pessoal e seu papel em cada área sob um novo prisma. Essa integração pode ajudá-lo a desenvolver ainda mais sua carreira e a viver sem aquela tensão característica das pessoas que desempenham dois papéis distintos. Você poderá inspirar as pessoas e mostrar a elas que também podem utilizar seu lado mais humano, enfrentando desafios e tomando decisões com mais energia e facilidade.

Aliás, este é um aspecto muito importante, pois utilizamos muita energia para nos policiar e manter sob controle o dia inteiro. Ter um comportamento diferente durante tantas horas acaba gerando muita tensão. Podemos utilizar essa mesma energia para fazer nosso trabalho com muito mais eficiência.

É claro que todos passamos uma determinada imagem. Mas deixar que as pessoas nos vejam como realmente somos é um grande passo em termos de integração. Levar a personalidade de casa para o trabalho é fazer com que seus colegas entendam melhor aquilo que é importante para você e quais são suas opiniões, seus sonhos e suas expectativas.

Este poema, *The invitation* [O convite], foi inspirado nas palavras de Oriah Mountain Dreamer, um nativo norte-americano, em maio de 1994. Descreve muito bem os aspectos de nosso ser que realmente importam, a verdadeira personalidade que se esconde sob a fina camada de verniz social e o desejo que todos temos de conhecer melhor a personalidade das pessoas.

Não me interessa sua profissão.
Quero saber aquilo que você anseia descobrir,
E se sonha realizar seus desejos mais profundos.
Não me interessa sua idade.
Quero saber se você se arrisca a parecer tolo em nome do amor, de seus sonhos e da aventura de estar vivo.
Não me interessa quais planetas que estão alinhados com sua lua.
Quero saber se você conhece o centro de sua própria dor, se as intempéries da vida abriram seu coração ou se você se fechou para todo o sofrimento e aprendizado!
Quero saber se você consegue enfrentar a sua ou a minha dor sem tentar escondê-la ou fazê-la desaparecer.
O que interessa é se você tem alegria, seja ela sua ou minha, se consegue dançar livremente e deixar que o prazer preencha seu corpo dos pés

à cabeça sem os tolos avisos do cuidado, de realismo e de todas as limitações do ser humano.
Não me interessa se a história que está me contando é verdadeira.
Quero saber se você consegue desapontar as pessoas para não deixar de ser verdadeiro consigo mesmo; se consegue ser acusado de traição sem trair a si mesmo.
Quero saber se você cumpre aquilo a que se propõe e se posso confiar mesmo em você.
Quero saber se consegue ver a beleza mesmo na feiúra do dia-a-dia e captar a presença de Deus em sua vida.
O que interessa saber é se você consegue conviver com o fracasso, seu e meu e, ainda assim, ir para a beira de um lago e gritar para a lua: "Sim!"
Não me interessa onde você mora ou quanto ganha.
Quero saber se você consegue se levantar após uma noite de sofrimento e desespero, desgastado e tenso, e cuidar bem de suas crianças.
Não me interessa quem você é ou por que está aqui.
Quero saber se consegue ficar no centro do fogo comigo, sem sair.
Não me interessa onde ou com quem você estudou.
Quero saber o que é que o sustenta mesmo quando tudo ao seu redor parece ruir.
Quero saber se você consegue ficar sozinho consigo mesmo; e se gosta de companhia mesmo nos momentos mais vazios.

O poeta quer saber quem você é e não o que você é, o que o motiva e incentiva e não aquilo que conquistou em sua carreira. São perguntas importantes no caminho do autodescobrimento. Gostar de si mesmo, conhecer-se e sentir-se em paz com quem você é são questões básicas da integração das personalidades de trabalho e de vida pessoal e da coragem de mostrar no trabalho aquilo que se é em casa. Seguindo esses passos, podemos estabelecer conexões mais profundas com as pessoas e levar a elas mais força, coragem e inspiração.

Susie queria parar de estudar aos 16 anos e seus pais ficaram muito preocupados. Apesar de ser uma excelente aluna, ainda não tinha encontrado uma matéria sequer que chamasse sua atenção.

Um dia, seu professor de alemão pediu a ela que fosse tomar café com ele após a aula. Achou o pedido um tanto estranho, mas aceitou porque sabia que ele era muito dedicado e que adorava o seu trabalho. Descendente de alemães, havia sofrido muito como cidadão inglês naturalizado durante a Segunda Guerra Mundial. Era uma das vítimas prediletas de piadas dos alunos por causa de sua aparência e de seu sotaque. Sentaram-se para tomar café e ele disse a Susie: "Se trabalharmos bastante, podemos ir para Cambridge". Percebeu que não se tratava de um convite mas sim de um incentivo. Ele acreditava nela e estava oferecendo ajuda.

Susie foi estudar alemão em Cambridge, tornou-se especialista em literatura germânica e uma grande palestrante. Muito reconhecida por seu trabalho, ela se recorda com carinho daquilo a que chama "momento ou centelha divina em que seu professor teve a coragem de quebrar as regras para incentivar e ajudar alguém a quem estava ensinando".

Todos temos alguém especial que nos ajudou e inspirou em determinado momento de nossa vida. E quem não gostaria de fazer o mesmo por uma pessoa que está em um ponto decisivo de desenvolvimento? Mas isso exige que tenhamos uma visão multidimensional da situação e só funciona quando utilizamos nosso ser, nosso coração e nossa personalidade como um todo.

: : Exercício: V.O.C.Ê.

Este é um exercício bastante divertido para ajudá-lo a conhecer seus próprios talentos, habilidades e interesses. Costumo utilizá-lo com meus clientes ou em meus cursos, e os resultados são sempre muito positivos.

Pode ser feito em uma mesa de jantar. Dividem-se as pessoas em pares que, de preferência, ainda não se conheçam muito bem. Devem conversar durante a refeição e tentar descobrir o máximo que puderem um sobre o outro. Depois, todos apresentam seus pares ao restante do grupo com a descrição das seguintes características:

V Valores de trabalho e de vida pessoal
O Objetivos e ambições
C Conhecimentos, habilidades e talentos
E Experiência e visão de conjunto

Ouvir outra pessoa falar sobre suas habilidades, talentos, experiências, valores e sonhos pode ser uma experiência bem interessante. Muitas pessoas descobrem que os outros descobrem coisas totalmente diferentes daquilo que elas pensavam sobre si mesmas. Uma reação bem comum é perguntarem: "Tem certeza de que esse aí sou eu?"

Greg trabalhou durante muitos anos com muita dedicação em uma empresa e, aos poucos, chegou à diretoria. Era casado e tinha uma filha, mas sempre colocou o trabalho em primeiro lugar. Era o último a deixar o escritório e tinha um estilo austero de trabalho.

Quando anunciou em uma sexta-feira que iria sair às três da tarde para assistir a uma apresentação musical da filha na escola, as pessoas ficaram de queixo caído. Imaginaram até que ele estivesse passando por alguma crise. Na verdade, não se tratava de uma crise mas sim de uma decisão radical. Greg tinha participado de um de meus treinamentos e do exercício V.O.C.Ê. Ouvir seu parceiro descrever o quanto ele amava a filha o fez parar e pensar. Percebeu que estava ouvindo de um estranho algo que jamais tinha dito a ela: que era a coisa mais importante de sua vida. Percebeu também que sua austeridade vinha, em grande parte, do ressentimento por não poder passar mais tempo com ela. Decidiu então reorganizar suas prioridades, e sair mais cedo naquela sexta-feira foi a primeira de uma série de modificações que acabaram por transformá-lo em um homem mais aberto, compreensivo e feliz.

: : A união dos dois lados

Então, o que falta para você mostrar o seu lado mais carinhoso e gentil no ambiente de trabalho? De que precisa para fazer essa mudança? Alguns de meus clientes me dizem "parece tudo muito bom na teoria, mas o que faço agora? Sou a mesma pessoa no trabalho há 20 anos. Não posso simplesmente entrar no escritório amanhã como alguém totalmente diferente".

Isso é verdade, e não estou sugerindo uma mudança "radical". Ninguém pode sair como sempre foi na sexta-feira e voltar outra pessoa na segunda. É um processo de mudança gradual que exige muito esforço e persistência.

O primeiro passo é pensar nas características de nossa vida pessoal que gostaríamos de ver no trabalho. Depois, temos de fazer mudanças graduais. Lembrar-nos do nome do porteiro ou recepcionista e perguntar sobre sua saúde ou se está tudo bem com ele em vez de correr para o elevador de manhã já é um bom começo. Outras mudanças interessantes: transformar reuniões normalmente tensas em momentos mais agradáveis, diminuir a cafeína para evitar dores de cabeça e tensão e deixar na mesa uma garrafa com água para tomar durante o dia. Mas trazer a personalidade de casa para o trabalho também envolve ser mais flexível, aberto, generoso e compreensivo além de ouvir de verdade o que os colegas têm a dizer e dividir opiniões e idéias com eles.

: : Dez maneiras simples de mudar nossa atitude no trabalho

1. Coloque as pessoas em primeiro lugar

Estabeleça um contato mais próximo com todos os colegas sorrindo, conversando e fazendo perguntas sobre eles. Preste atenção em mudanças como um novo corte de cabelo, uma gravata bonita ou uma mudança de hábito nas pessoas ao seu redor.

2. Tente relaxar

Uma das coisas que nos limita e impede de trabalhar melhor é a tensão física. Para reduzi-la experimente praticar alguns exercícios simples de relaxamento e respirar profundamente.

3. Aumente suas expectativas

Chegar ao trabalho esperando ter um dia bom nos deixa mais otimistas e nos faz sorrir ao invés de entrar no escritório de cara fechada.

4. Conte com os imprevistos

Mesmo nos dias mais perfeitos, algo sempre pode dar errado. Reuniões longas em excesso, pessoas cometendo erros e negócios quase concluídos que deixam de ser fechados. Contar com os imprevistos nos ajuda a manter a calma e a seguir em frente.

5. Faça algo inesperado

Mude a atmosfera e o ritmo de seu trabalho fazendo algo diferente de vez em quando. Compre um presente para alguém, deixe seus funcionários saírem mais cedo depois de um dia muito estressante, leve alguns colegas para almoçar em um lugar diferente, sugira um curso ou um passeio. Há um universo infinito de possibilidades.

6. Reconheça o trabalho das pessoas

Reconheça e elogie o trabalho de seus colegas e funcionários. Não ignore aquilo que fazem de bom. Agradeça e incentive seus esforços.

7. Personalize seu espaço de trabalho

Você passa boa parte de seu dia no trabalho. Crie então um ambiente próprio em seu escritório ou mesa com fotografias, vasos, flores ou outros objetos de sua preferência.

8. Tente ver o lado divertido da vida

Mesmo com toda a correria em nosso dia-a-dia de trabalho, algo divertido acaba sempre acontecendo. Basta observarmos as coisas sob um ângulo diferente.

9. Conte as novidades

Se algo aconteceu em sua vida, principalmente se foi algo bom, conte aos seus colegas. Um exame de saúde de seu filho com resultado negativo, um gol que tenha feito em um jogo, uma corrida ou um concurso em que tenha participado são sempre notícias interessantes para as pessoas.

10. Mantenha o equilíbrio

Trabalho não é tudo na vida. E, se pensarmos bem, nem é a coisa mais importante. Portanto, não deixe que sua vida profissional anule sua vida pessoal. E lembre-se de que ansiedade e estresse não resolvem os problemas e não ajudam a equilibrar as coisas.

Alec era um gerente que separava totalmente sua personalidade no trabalho e em casa. Era muito carinhoso com sua família e amigos, mas duro e exigente com todos no escritório. Promovido a gerente havia pouco tempo, levava a sério suas responsabilidades. Chegava bem cedo e passava o dia chamando a atenção de quem se atrasava cinco minutos sequer. Trabalhava muito e esperava o mesmo de sua equipe, embora quase nunca fizesse elogios. Observava cada erro e deixava todos tensos e se sentindo incompetentes. Muitos começaram a procurar outro emprego.

Quando o conheci, estava muito surpreso com os pedidos de demissão e com o baixo rendimento de seus funcionários. Demorou um pouco a perceber que ele mesmo era a causa, e decidiu mudar. Minha primeira sugestão foi que parasse de procurar somente os erros e reparasse no lado bom de sua equipe, começando pelos que chegavam no horário e não pelos poucos que se atrasavam. Concordou que deveria fazer mais elogios e ser mais condescendente com todos. Alguns meses depois, seu departamento mostrava maior produtividade e os funcionários estavam mais motivados. As coisas melhoraram tanto que ele começou a flexibilizar horários de trabalho e almoçava com toda a equipe pelo menos uma vez por mês.

: : Os benefícios são muitos

Pode-se ver então que ter no trabalho uma personalidade diferente da que se tem na vida pessoal não traz nenhum benefício. E muitas pessoas também podem se beneficiar fazendo o contrário, ou seja, trazendo um pouco de sua personalidade do trabalho para casa. Já vi muita gente mais alegre, relaxada e bem-humorada no trabalho do que fora dele. São casos raros, mas existem. A maioria de nós passa a ser mais tranqüila, aberta, perceptiva e generosa somente no momento em que deixa o escritório. E são justamente essas as qualidades que mais favorecem um ambiente de trabalho. Equilibrar nossa personalidade é um trabalho que vale a pena e que traz enormes recompensas em termos de bem-estar, de produtividade e de desempenho.

: : Cinco : :
Todos são importantes

Quando três de meus bisavós abriram suas empresas 150 anos atrás provavelmente enfrentaram os mesmos desafios que enfrentamos hoje. E creio que o maior deles é encontrar parceiros de trabalho com quem se possa estabelecer um relacionamento de confiança, cooperação e lealdade.

Os três eram pessoas de princípios e para elas um aperto de mão e a palavra empenhada valiam mais que a assinatura de um contrato. Honestidade e lealdade eram a base de tudo. Sabiam que, quando se trata bem todos os funcionários de uma organização, eles se sentem parte da empresa e desejam contribuir para o seu crescimento, estabelecendo um relacionamento estável e duradouro. A política de meus bisavós era: "todos são importantes". E a mesma política ainda é válida nos dias de hoje. Não podemos nos esquecer de que todos os que trabalham conosco e para nós merecem ser tratados com respeito, consideração, carinho e atenção, incluindo nós mesmos. Neste capítulo, tratarei do princípio de que todos somos importantes e de como ele pode ser aplicado ao nosso dia-a-dia.

Cada um de meus bisavós tinha uma história interessante para contar. John Walker começou como padeiro, mas com o tempo outra idéia foi tomando forma em sua mente: refinar cana-de-açúcar em uma fábrica no Porto de Greenock, à beira do rio Clyde. John Walker & Co. Ltd. tornou-se uma empresa conhecida no mercado e foi adquirida anos depois pelo maior produtor de açúcar da Inglaterra, a Tate & Lyle.

John Denholm tinha 19 anos quando seu pai faleceu. Ele e seu irmão passaram a sustentar sua mãe e os irmãos mais novos. John decidiu então trabalhar com embarcações e alugou um pequeno escritório em Greenock. Um dia, viu uma escuna de 22 metros chamada *David Sinclair* parada no porto e foi até o banqueiro da cidade pedir um empréstimo para comprá-la. O banqueiro olhou bem para ele e disse: "Volte a falar comigo quando tiver idade para fazer negócios".

Estava voltando, então, desconsolado e a passos lentos pela rua quando encontrou dois homens de negócios muito conhecidos na época, os senhores Black e Morrison, e se aproximou deles para falar sobre a escuna. Os dois foram até o cais ver a embarcação e, após inspecioná-la, aceitaram estabelecer uma parceria com John. Isso foi em 1866. Dez anos depois, John Denholm tinha dez escunas que viajavam para a Europa, Newfoundland, as Índias e diversas outras partes do mundo. A confiança que Black e Morrison depositaram nele no início resultou em muito sucesso.

John Drummond, o mais novo de meus bisavós, foi muito pobre quando criança e um dia decidiu sair de sua cidade natal, Glasgow. Colocou todos os seus pertences em uma carroça e foi para o Porto de Greenock. Ali começou a aprender o ofício de toneleiro, fazendo os barris que transportavam cana, açúcar, uísque, juta e cereais para todo o Império britânico. Em poucos anos abriu seu próprio negócio, que cresceu rapidamente.

: : Como estão (mesmo) os negócios?

Meus bisavós passaram para a minha família grandes doses de bom senso e noções de como fazer um negócio prosperar. Segundo eles, o princípio mais importante é que os aprendizes e os iniciantes são os que merecem mais atenção e respeito. Isso significa que a responsabilidade vem em primeiro lugar e que, independentemente de sermos ou não pessoas de sucesso, jamais devemos nos esquecer de nosso "lado humano". Meus bisavós acreditavam que todas as pessoas em uma empresa, dos cargos mais simples aos mais altos, deviam ser tratados da mesma maneira.

Esse princípio permaneceu comigo a vida toda e me ajudou muito em todas as áreas em que trabalhei, principalmente quando fui convidado (aos 32 anos de idade) a assumir a diretoria de uma das escolas mais antigas e proeminentes da Escócia, a Loretto, de Musselburgh, perto de Edimburgo.

Já ouvi dizer que, por trás de todo grande homem há uma grande mulher, e sei que isso se aplica em meu caso. Meu sogro também era um grande homem, mas devido a uma criação mais rígida, jamais elogiou a mim ou aos seus filhos por qualquer motivo que fosse. Em sua família, acreditava-se que o simples fato de não se criticar já era um elogio. Mas ele me deu um conselho que me ajudou muito em meu novo emprego: "Norman, lembre-se de que quando um almirante entra em um navio percebe imediatamente se algo está errado. Empresas, instituições e universidades são como navios. Um bom líder percebe rápido quando algo não vai bem. É como um peixe estragado: começa a apodrecer da cabeça para o rabo".

Até hoje me lembro desse conselho e de vez em quando me pergunto: como estão (mesmo) os negócios? É uma pergunta que pode ser feita em todos os departamentos de uma empresa, até mesmo no refeitório, na recepção e na sala de correio. Se há algo errado nessas áreas, pode-se ter certeza de que há problemas na empresa toda. Se os funcionários dessas áreas estão se sentindo ignorados ou sobrecarregados, o resto também não funciona direito. O problema não está nesses funcionários, mas na diretoria, que não está trabalhando de maneira eficaz ou não presta atenção aos assuntos mais importantes.

Rudyard Kipling escreveu um poema chamado *If* (Se) em que diz: "Se você vive entre os reis mas mantém a noção de como tratar as pessoas... você é um grande homem, meu filho". E estava certo. Podemos nos tornar ricos, famosos e poderosos, mas se não dermos atenção a todas as pessoas ao nosso redor jamais conseguiremos ter uma empresa equilibrada, harmoniosa e, principalmente, produtiva.

> Um dos exemplos mais interessantes de líder que consegue manter padrões, procedimentos e o ânimo da equipe intactos que já vi é o senhor Ernest Shackleton, o explorador da Antártida. Os livros *Shackleton's boat journey* [A jornada marítima de Shackleton], de F. A. Worsley, o comandante da épica jornada ao Pólo Sul, e *Shackleton's leadership* [O estilo Shackleton de liderança] de Margot Morrell e Stephanie Capparell, descrevem e exaltam essas características.
>
> Uma passagem interessante de *Shackleton's boat journey*: "Não havia pista alguma de que Shackleton e sua equipe estivessem perto do grupo South Shetland. Estavam procurando na parte sul do Mar de Weddell, ou seja, não conseguiriam resgatá-los.
>
> A única solução era pegar um barco e ir até o ponto habitado mais próximo, o que arriscaria a vida de alguns mas salvaria o restante do grupo.
>
> É claro que Shackleton, com sua natureza heróica e generosa, não deixaria de participar dessa tarefa difícil. Não se podia esperar outro tipo de atitude de sua parte. Líder nato, sempre se colocava nas situações de maior risco e responsabilidade. Podia até demonstrar medo, mas jamais desistia. Esta era sua maior coragem: enfrentar as situações que mais o assustavam".

: : A necessidade de modificação

Funcionários de empresas que valorizam todos os seus membros são leais e acreditam no futuro e nas metas da companhia. Já por outro lado, em organizações em que os líderes e os executivos de cargos mais altos não dão o devido valor aos demais funcionários, há grande rotatividade de pessoal e pouco esforço conjunto. Quando o ambiente é de descontentamento, as pessoas não ficam muito tempo na empresa.

> Muitas companhias, porém, têm uma política de alta rotatividade e acreditam que não vale a pena investir tempo ou recursos em seus funcionários. Conheci uma grande editora que trabalhava de acordo com esses princípios. O diretor, um homem arrogante e intransigente, não tinha tempo para os problemas de nenhum funcionário ou departamento abaixo do nível de diretoria. Os funcionários, principalmente os de cargos mais simples, sentiam que não tinham o menor valor ou importância dentro da organização. Poucos eram promovidos, e o restante era simplesmente ignorado.
>
> Durante muitos anos, a política da empresa pareceu não apresentar grandes problemas. A editora tinha um bom faturamento. Mas aos poucos as coisas começaram a se desequilibrar. Um competidor internacional, famoso pela atitude positiva para com seus funcionários, estabeleceu-se e tomou rapidamente a dianteira do mercado. Só então o diretor da empresa mais antiga começou a modificar suas atitudes e a corrigir seus erros para com os funcionários.

Os estaleiros de construção de navios da Lower Clyde são um bom exemplo do que ocorre quando não se aplica o princípio de que "todos são importantes". No início dos anos 1970, os diretores da Scott-Lithgow, construtora de navios do presbitério de Greenock e do Porto de Glasgow me contrataram para fazer uma pesquisa sobre o motivo de haver tantas vagas de trabalho não preenchidas em sua área. Como se tratava de um período de alta da indústria de petróleo no nordeste da Escócia, era fácil imaginar que os profissionais mais bem qualificados estavam indo atrás de melhores salários e moradia. Mas isso ainda não explicava o motivo de tantas vagas abertas em uma área onde sempre houve desemprego.

Ao visitar, porém, os estaleiros naquela época e observar mais de perto o processo, parecia que um botão de autodestruição havia sido acionado. Os conflitos da Depressão de 1930 entre chefes e subalternos, protestantes e católicos, escoceses e irlandeses haviam sido tão sérios que o ambiente ainda estava carregado de animosidade e desconfiança. Isso desestabilizava cada vez mais a indústria em geral à medida que os trabalhadores líderes se mostravam hostis e se negavam a cooperar. Era triste ver isso em uma indústria que já havia produzido as melhores embarcações do planeta e que agora perdia mercado para o Japão e a Escandinávia.

Assim como em outros ramos da indústria, a fama passava de geração em geração em Clydeside. E, neste caso, a fama era de miséria e humilhação. Eram histórias de como os supervisores usavam um apito para anunciar o início e o término do intervalo de dez minutos de descanso e de como jogavam fora a água que os operários aqueciam para preparar chá, gritando: "Voltem para o trabalho, seus folgados".

Esse tipo de comportamento cruel e desumano causou muita raiva e ressentimento, uma das principais causas do declínio dos estaleiros. As coisas poderiam ter sido bem diferentes se o bem-estar e os direitos dos trabalhadores tivessem sido reconhecidos e respeitados.

O estudo da história corporativa revela que, na maioria das organizações, as pessoas nunca foram muito bem tratadas nem tiveram seus talentos e habilidades reconhecidos. Apenas os que subiam na escala corporativa tinham importância, e isso em todos os setores do mercado. Um grande banco tinha até toalhas e ganchos separados com identificação no toalete próximo às salas da diretoria. Em outra grande empresa, chá e café eram servidos em xícaras e louça comum para os gerentes, com borda de prata para a diretoria e com borda de ouro para a presidência na mesa de reuniões! Este tipo de prática sempre levou, naturalmente, aqueles excluídos de tais regalias a se perguntar se tinham alguma importância dentro da empresa ou se algum dia chegariam a ter.

Não é de se estranhar, então, que Max De Pree compare e enfatize em seu livro *The art of leadership* [A arte de liderar] as diferenças entre esse tipo de atitude e os métodos atuais utilizados por companhias como a Herman Miller, líder no mercado de móveis dos Estados Unidos, que sempre teve um refeitório único para todos os funcionários como forma de exemplo para que tivessem consciência de sua importância dentro da empresa. Outro exemplo interessante é o da maior indústria farmacêutica mundial, a Novartis, que se refere a todos os funcionários como Associados Novartis.

: : É preciso caminhar para a frente

O princípio de que "todos são importantes" significa que sempre temos algo de valor a oferecer, talentos a serem desenvolvidos e contribuições que podemos fazer. Se você consegue fazer as pessoas se sentirem bem com elas mesmas e com aquilo que têm a oferecer, todos podem se beneficiar com isso. Tratar a todos com respeito, gentileza e acreditar em seu potencial é a chave para o sucesso de qualquer empreendimento. Tudo começa quando se divide com todos as conquistas da empresa, fazendo com que se sintam parte dela. Independentemente de seu posto na escala hierárquica, encorajar, agradecer, dar apoio e ser gentil nunca é demais.

Existem cinco regras básicas para estabelecer o princípio de que "todos são importantes" em uma empresa:

:: 1. Incentive as pessoas

Jamais subestime o valor do estímulo positivo. Palavras certas no momento certo nunca são esquecidas e podem mudar a vida das pessoas. Todos já tivemos alguém que nos orientou, acreditou em nós e nos incentivou a seguir o caminho certo mesmo quando não tínhamos certeza de que conseguiríamos seguir em frente. E você? Está preparado para mudar e desenvolver seu estilo de liderança?

É importante lembrar que encorajar não é repreender. Creio que as palavras de Santo Agostinho exemplificam bem o que quero dizer: "Aprendi não com aqueles que me ensinaram mas com aqueles que falaram comigo". Se você deseja incentivar alguém, sentar-se e conversar pode ser bem mais eficaz do que dar explicações.

> Um de meus mentores foi George Thomas, o Visconde de Tonypandy, palestrante de House of the Commons [Câmara dos Comuns] entre os anos de 1976 e 1983. Filho de mineiros gauleses, George foi convidado a ser palestrante oficial durante dois governos de partidos diferentes, o de James Callaghan e o de Margaret Thatcher.
>
> Era muito conhecido por sua sensibilidade e consciência de que todos são importantes dentro de uma organização e que uma palavra de carinho e incentivo pode ajudar muito. George foi algumas vezes ao Colégio Loretto quando eu era diretor e até hoje o prêmio mais reconhecido da escola é o "Prêmio Lord Tonypandy de Liderança e Contribuição para o Desenvolvimento da Instituição". Um dia, foi dar uma palestra e ao terminar o discurso foi rodeado pelos alunos, pais e padrinhos. Deu atenção especial a cada um e disse algumas palavras carinhosas. Alguém comentou: "Quando ele fala com você parece que não existe outra pessoa na sala".
>
> Uma noite, George e eu estávamos passando pela capela e vimos que ainda havia alguém trabalhando para preparar um evento musical que teríamos em alguns dias com a ópera *Dido e Aeneas*. Era

um dos alunos do último ano, um rapaz sem grandes talentos acadêmicos, atléticos ou artísticos, porém um dos ajudantes mais ativos, sempre presente quando alguém precisava.

George conversou com ele por alguns instantes e depois disse: "Já posso ver que você vai ser um homem muito habilidoso". E foi mesmo. Até hoje ele se lembra daquelas palavras. Elas o fizeram perceber que sua ajuda era importante na escola e em todos os aspectos de sua vida.

O Teste Tonypandy

Experimente. Imagine que recebeu por escrito a descrição das características de um colega de trabalho. Acha que poderia fazer algo para incentivar essa pessoa? O que diria para fazê-la se sentir bem consigo mesma e com seu trabalho? Alguma sugestão para desenvolver seu potencial e suas qualidades? Analisar a si mesmo e descobrir se você tem energia, sensibilidade e disponibilidade para incentivar as pessoas são os primeiros passos para começar a reconhecer que todos são importantes.

As palavras certas

Palavras de incentivo podem ajudar muito. Perceber e elogiar o trabalho de alguém e reconhecer seus esforços é uma excelente maneira de melhorar o relacionamento no ambiente de trabalho e de estabelecer laços de confiança.

John Marshall, diretor executivo da fábrica de móveis Durham Pine, é outro exemplo de alguém que sabe reconhecer a importância das pessoas. Levou todos os funcionários que estavam havia mais de um ano na empresa (162 pessoas) e suas famílias para passar uma semana em Maiorca com todas as despesas pagas e sem desconto no período de férias. Foi um gesto de agradecimento quando a empresa atingiu lucro recorde. Durante a viagem, John Marshall comentou: "Quando comecei a trabalhar, não tive nenhum incentivo ou respeito por parte de meus superiores. Agora que estou em um cargo de chefia não quero que meus funcionários passem pelo que passei". Um dos consultores de vendas da empresa disse: "É muito bom quando alguém reconhece seu trabalho e seus esforços, mas este tipo de agradecimento superou nossas expectativas. Estamos muito felizes".

Imagine o que ocorreu no ambiente de trabalho, o nível de lealdade e de comprometimento na Durham Pine depois disso. O gesto de agradecimento do diretor teve repercussão não só positiva como duradoura. Todos se sentiram incentivados pessoal e profissionalmente.

Existem muitas maneiras de reconhecer e agradecer os esforços das pessoas. Uma simples palavra ou gesto pode fazer uma grande diferença quando alguém se esforça de verdade e merece um elogio.

: : 2. Espere sempre o melhor

Quais são suas expectativas com relação às pessoas com quem trabalha? Observa somente os erros ou espera sempre o melhor delas?

Esta é uma pergunta que devemos nos fazer, pois podemos acabar desenvolvendo o hábito de ficar procurando erros e problemas nas pessoas sem sequer percebermos. E a melhor maneira de identificar isso é observar nosso próprio comportamento. Você costuma fazer uma lista de tudo o que se esqueceu, fez de errado ou poderia ter feito melhor durante o dia? E costuma observar o que fez de bom e se elogiar?

Se você é severo consigo mesmo, provavelmente também é severo com as pessoas. Se for o caso, tente mudar isso pois o hábito de identificar falhas e erros o tempo todo pode ser altamente destrutivo tanto para você quanto para os outros, faz com que todos ao seu redor sintam que nunca conseguem fazer as coisas direito. Com o tempo, elas acabam desistindo de tentar, pois sabem que você só vai prestar atenção em seus erros. Acabarão pedindo transferência para outros departamentos ou começarão a procurar outro emprego. Esperar o melhor das pessoas é o caminho do sucesso. Experimente prestar atenção naquilo que alguém sabe fazer bem ou que se esforça para fazer direito e faça um comentário positivo. A reação é imediata. Elas começam a dar o melhor de si.

> A história de Katie é um grande exemplo de que esperar sempre o melhor das pessoas pode ter grandes resultados. Ela tinha 18 anos, morava nas ruas e estava desempregada quando chegou ao centro Columba 1400 em Skye com os cabelos desgrenhados e sobre o rosto. Mal conseguíamos ver suas feições. Era como se ela se recusasse a ver o mundo, algo que entendemos perfeitamente quando soubemos a maneira rígida com que foi criada, sem nenhum tipo de incentivo ou apoio. Durante três dias, continuou a se esconder atrás dos cabelos enquanto participava de um de nossos cursos juntamente com outras pessoas que haviam chegado. O curso tem como objetivo fazer aflorar as melhores qualidades nos jovens. Os instrutores identificam talentos, habilidades e qualidades positivas em cada aluno e os incentivam a desenvolvê-los.
>
> Ao final dos três dias, ela finalmente pediu um elástico para prender os cabelos. Era como se tivesse aberto as cortinas para o mundo ao perceber que estava sendo bem tratada e que confiavam nela. Enxergou a si mesma com clareza pela primeira vez, assim como os outros que ali estavam, e revelou um grande talento para a resolução de conflitos.
>
> Ao final do curso, Katie descobriu o que mais a incomodava: a crueldade com os animais. Quando voltou a Lanark, começou a trabalhar como voluntária no centro de proteção de animais. Fez um trabalho tão bom que foi contratada para trabalhar período integral. Hoje, além de um bom emprego, ela tem uma casa e um relacionamento estável.

: : 3. Jamais subestime as pessoas

Você se sente útil quando critica ou aponta os erros das outras pessoas? É rápido em fazer comentários em público ou enviar e-mails chamando a atenção e fazendo julgamentos? Quando partimos do princípio de que "todos são importantes" temos de pensar duas vezes antes de fazer críticas ou comentários negativos. Palavras ditas ou escritas sem pensar podem ter um impacto destrutivo sobre as pessoas.

Algumas sugestões, caso tenha de fazer uma crítica:

- Critique somente quando sentir que é necessário.
- Não aja por impulso. Pense antes de responder.
- Mantenha o foco. Dirija-se somente às pessoas diretamente envolvidas e discuta apenas os elementos importantes. Generalizar e dizer coisas do tipo "você sempre faz isso" ou "toda vez que..." não ajuda e ainda causa mais problemas.
- Descreva claramente o comportamento ou a ação que espera da(s) pessoa(s) no futuro. Explicar o que alguém fez de errado não ajuda muito, já dizer exatamente o que deve ser feito pode evitar que o erro se repita.
- Nunca faça críticas pessoais ou comentários que depreciem as pessoas. Enfoque o comportamento ou a atitude inadequada e não a pessoa. Exemplo: "Você está chegando atrasado e isso não é bom" em vez de "você não consegue mesmo chegar no horário".

Um jovem estudante escocês fez 57 pontos em um jogo de críquete. Telefonou imediatamente para o avô, que era norte-americano. Mas ainda era noite nos Estados Unidos e o avô foi acordado pela ligação. Mesmo assim ficou contente ao perceber a emoção do neto, que estava muito animado com a vitória. Respondeu: "Isso é fantástico! Continue assim e logo estará jogando pela Escócia". O garoto continuou praticando e se esforçando, ganhou mais turnos e começou realmente a pensar em competir pelo país.

Mas para falar com o outro avô, que morava na Escócia, tinha de esperar sempre até o domingo à noite, pois ele não gostava de ser incomodado durante a semana. Quando o neto comentou sobre suas vitórias, a resposta foi: "Mas e quantas derrotas você teve?" Não houve incentivo algum, e o garoto desligou o telefone sentindo-se tolo e desanimado.

Muitas vezes, quando estamos em posição de autoridade, não percebemos como as palavras podem ter efeito negativo. O avô escocês do garoto não teve intenção de desencorajar o neto. Mas foi esse o resultado de sua atitude ao procurar erros em vez de encorajá-lo.

Desencorajar as pessoas parece ser uma doença britânica. Muitos se referem a isso como síndrome *Tall Poppy* [Viver nas Alturas]: quanto mais alto se está, maior é o tombo. Somos rápidos em dizer: "Quem você pensa que é?", "Não vá se achando muito importante". Este tipo de frase acaba inibindo as crianças, bloqueando seu potencial e sua vontade de fazer algo melhor. Talvez esteja na hora de substituí-las por outras que possam encorajar e motivar mais os jovens.

Elogie por escrito e critique verbalmente

Um exercício que vale a pena incorporar à nossa rotina diária é "elogiar por escrito e fazer comentários ou críticas verbalmente".

Hoje em dia, tornou-se uma prática muito comum criticar ou repreender por *e-mail*. Além de se correr o risco de outras pessoas lerem a mensagem, receber uma crítica assim é desmoralizante. Quem a recebe começa a lê-la várias vezes, convencido de que seu trabalho não é bom e que não vale a pena. E quem a escreve raramente obtém o resultado desejado, muito pelo contrário. Isso acaba minando o relacionamento de trabalho. A mensagem por escrito é um atestado muito claro de falhas e problemas na comunicação.

Já os comentários verbais objetivos são mais simples e eficazes. O relacionamento de trabalho não é prejudicado e a pessoa que recebe a advertência não se sente desvalorizada. Falar de maneira aberta e empática com quem precisa de ajuda ou orientação é sempre a melhor solução.

Mas enviar mensagens por escrito é uma prática muito apropriada quando se deseja elogiar ou ressaltar as qualidades de alguém. Um bilhete, um recado ou uma mensagem positiva tem grande valor, principalmente porque pode ser guardada e relida sempre, aumentando a auto-estima e o desempenho da pessoa que a recebe.

> Um dia, quando eu era diretor de escola, um professor veio falar comigo no corredor. Era um homem bem-educado e elegante, que trabalhava havia muito tempo no colégio e estava para se aposentar. Eu tinha escrito uma pequena carta para ele agradecendo por todos aqueles anos de trabalho e dedicação à escola e dizendo o quanto sentiríamos sua falta. Ele me disse: "Nunca tive muita facilidade para expressar meus sentimentos, mas devo dizer que fiquei muito emocionado com sua carta. Tenho uma gaveta onde guardo esse tipo de lembranças. Não é muito grande mas de vez em quando a abro e leio tudo o que há dentro dela e percebo que talvez minha vida tenha valido a pena e que eu tenha contribuído de alguma maneira com a vida e com as pessoas".

Alguns dos maiores líderes da história como o Presidente Abraham Lincoln, o doutor Arnold, famoso diretor da Rugby School e o marechal Lord Montgomery, de Alamein, eram reconhecidos por sua habilidade de reconhecer, agradecer e elogiar as pessoas por seus feitos e contribuições. Mesmo que você esteja estressado e sem tempo, lembre-se de que um simples bilhete de agradecimento pode fazer toda a diferença.

: : 4. Aprenda a delegar

Uma das melhores maneiras de reconhecer o trabalho de alguém é dar-lhe novas responsabilidades. Muitas pessoas descobrem sua verdadeira capacidade quando enfrentam grandes desafios e obstáculos. No entanto, muitos chefes se recusam a delegar tarefas. Jamais cometa o erro de ser como eles, de querer fazer tudo sozinho e manter o controle o tempo todo. Tente reconhecer o potencial das pessoas e incentivá-las a enfrentar novos desafios.

Já dei treinamento para muitos executivos desmotivados e estressados pelo excesso de tarefas. Mas quando analisamos tudo com calma, descobrimos que muitas delas poderiam ser desempenhadas por outras pessoas que teriam muito prazer em assumi-las.

Boa comunicação é vital para que se possa delegar. Quando alguns clientes reclamam que seus subordinados fazem tudo errado, a primeira coisa que pergunto é se suas explicações do que tem de ser feito são bastante claras. Na maioria dos casos não são.

Quando dou treinamento para meus clientes, normalmente peço para conversarmos com algum de seus subordinados durante o processo. Recentemente, tive uma reunião com a diretora de uma empresa aérea para quem estava dando treinamento e um dos executivos, que também era um CEO. Primeiro ela descreveu suas tarefas como responsável pelas aquisições. Contudo, o CEO explicou que a empresa esperava algo diferente daquele setor. Muito surpresa, ela respondeu: "Jamais imaginei que vocês vissem meu cargo dessa maneira". E ele, também surpreso com a resposta, disse: "Mas já conversamos sobre isso". Pelo que pude ver, eles já haviam tido inúmeras reuniões sem jamais comentar abertamente ou chegar a um acordo sobre o que se esperava dela. Depois dessa conversa, a relação entre os dois se tornou mais aberta, minha cliente passou a se sentir melhor, a ver de maneira mais clara o seu trabalho e o CEO passou a confiar mais nela.

Se você quer um trabalho bem-feito, deixe muito claro todos os detalhes, quais os objetivos da tarefa e atualize as informações com freqüência. Assim todos se beneficiam, e o relacionamento de trabalho se torna mais aberto, pois as pessoas se sentem tranqüilas e sabem exatamente aquilo que deve ser feito.

: : 5. Estabeleça contato com todos

Líderes e chefes que se isolam do restante dos funcionários da empresa correm o risco de "perder o contato com a realidade". Como saber o que as pessoas estão sentindo, o que é importante para elas e como está o ambiente de trabalho, se não estamos em contato com todos? Os melhores executivos sempre aplicam o princípio de que não se deve pedir a alguém que faça algo que não se possa fazer. E deixam isso muito claro.

> Uma vez, quando eu era capelão da companhia Black Watch, fomos enviados à base de Brecon Beacons para receber treinamento. Na primeira noite, houve fortes tempestades de neve. Até a Frota Real se retirou de seu posto nas montanhas, mas nosso orgulho de estar ali e nosso empenho eram tamanhos que continuamos a trabalhar mesmo em meio ao gelo. Até os copeiros, vendo nosso esforço, juntaram-se a nós.
>
> Visitamos cada companhia e encontramos o comandante da Companhia Bravo, o major Edward De Broe Ferguson, sozinho em seu posto. Por motivos de segurança, ele tinha de ficar ali, próximo ao rádio. Quando me aproximei do local, percebi que ele estava com água até os joelhos.

> Quando fui até as trincheiras percebi que os homens haviam deixado seus postos. Perguntei o motivo e me disseram: "É uma ordem do major, padre. A não ser em caso de ataque, fomos instruídos a não ficar nas trincheiras quando a água começasse a subir". Eu disse então que tinha acabado de visitar o major e que ele estava em uma sala cheia de água. A resposta foi: "É o major de Broe. Ele jamais nos pede para fazer alguma coisa que também não esteja preparado para fazer".

Descobri que naquele regimento todos eram importantes. Os líderes seguiam fielmente esse princípio. Talvez um dos oficiais que mais se destacou na companhia tenha sido o brigadeiro Tony Lithgow, um homem tão respeitado que os soldados estavam preparados para morrer por ele. A história conta que Tony sempre terminava suas ordens dizendo "devemos sempre nos perguntar: estamos preparados para lutar?"

Certa vez, quando a companhia Black Watch estava fora do campo de batalha, os veículos foram estacionados próximos uns dos outros para a inspeção do brigadeiro. Os homens tinham passado horas limpando e deixando tudo na máxima ordem. Ou melhor, tudo com exceção de um veículo logo na frente com a seguinte frase escrita com barro nas laterais: "Estamos quase prontos, Tony!"

: : Exercício: o Teste da Consideração

Você costuma demonstrar consideração pelas pessoas? Quem trabalha com você se sente valorizado e respeitado? Faça este pequeno teste e descubra como anda o seu relacionamento com aqueles ao seu redor. Uma vez por semana ou mais, se possível, pense em um de seus funcionários. Faça a si mesmo as seguintes perguntas:

- tenho tratado esta pessoa com consideração e gentileza?

- sei quais são as suas dificuldades?
- abro espaço e permito que demonstre sua personalidade?
- incentivo-a a usar suas habilidades e todo o seu potencial?
- tenho alguma influência positiva em sua vida?

Se conseguir responder "sim" a todas essas perguntas é sinal de que passou no teste, e com honras. Se não, utilize cada uma delas como meta até que se torne parte de sua personalidade.

> Lembro-me de uma manhã chuvosa em que estava descendo as escadas da Estação Waverley, em Edimburgo para pegar um trem até Glasgow. A chuva estava tão forte que fazia um barulho estridente no chão, molhando tudo e todos os que se arriscavam a sair às ruas. À minha frente ia um homem bem vestido e com um grande guarda-chuva (aliás, eu havia esquecido o meu em casa). Cruzou com um morador de rua e, sem pensar duas vezes, deu a ele o guarda-chuva, pois com certeza sabia que ele iria precisar muito mais.

Este é um grande exemplo de consideração que partiu de uma atitude natural, sem necessidade alguma de reconhecimento.

: : Em casa e no trabalho

O princípio de que "todos são importantes" não se aplica apenas ao contexto empresarial. Pode ser aplicado, com excelentes resultados, ao ambiente doméstico e a todos os aspectos de nossa vida. Meus três primeiros filhos, Andrew, Maggie e Marie Clare, nasceram com uma diferença de idade entre eles de menos de um ano. Já Christian nasceu seis anos depois. Quando tínhamos apenas os três primeiros, era natural tratar a todos com igualdade. Já Christian se sentiu um tanto perdido no meio de tantas pessoas mais velhas e com personalidade própria. Ninguém parecia ter muito tempo ou paciência para suas histórias e brincadeiras. E isso piorou ainda mais quando Ruaraidh nasceu, um ano depois, muito brincalhão e ganhando a simpatia de todos!

Christian demorou a perceber sua importância na família e isso exigiu que nos tornássemos mais conscientes de nossa função como pais. Sempre o consideramos e tratamos da mesma maneira que aos outros, mas durante muito tempo não percebemos que ele não se sentia assim. Não basta ter consideração para com alguém. É preciso demonstrar isso por gestos e comportamento. Hoje, tenho orgulho em dizer que Christian é um jovem dinâmico e de princípios justos e honrados, que impressionam não apenas seus pais mas também seus irmãos.

Ou seja, qualquer família, empresa ou instituição que não reconheça o valor, as habilidades e as necessidades dos indivíduos dentro de um contexto mais amplo pode ter muitos problemas. É preciso lidar com todas as situações de maneira eficaz mas honesta.

Tomemos como exemplo o senhor Black e o senhor Morrison, que souberam reconhecer as qualidades de seu bisneto John Denholm, de Greenock, para nos lembrar de que todos, independentemente de idade ou experiência, temos sempre algo de bom a oferecer.

: : Seis : :
Não deixe a peteca cair

Poucas coisas causam mais ansiedade do que começar em um emprego novo, receber uma promoção ou mudar de empresa. Ficamos tensos, sentimos um frio na barriga e todos os nossos medos e dúvidas vêm à tona. "Será que vou conseguir?", nos perguntamos. "E se eles erraram ao me escolher? E se eu estragar tudo? Não sei se darei conta do recado". É uma apreensão natural e um pouco de adrenalina até ajuda. Mas se deixamos o pânico tomar conta de nós acabamos fazendo tudo errado e nossos piores medos se tornam realidade. Essa é a hora de retomar o equilíbrio e de "não deixar a peteca cair". É disso que trata este capítulo: como controlar a ansiedade e as preocupações quando começamos em um novo emprego ou assumimos uma nova responsabilidade. Apresento passo a passo um pequeno guia para ajudá-lo a superar novos desafios com calma e segurança.

"Não deixar a peteca cair" é uma de minhas frases prediletas, que uso sempre em meus seminários. É uma frase engraçada e que ajuda as pessoas a entender melhor o que quero dizer. A diretora de recursos humanos de uma empresa de serviços públicos me disse recentemente que esta frase se tornou um princípio dentro de sua organização e que até ajudou a melhorar o ambiente de trabalho.

Mas o que significa "não deixar a peteca cair", afinal? Que a equipe toda precisa se esforçar, cada um fazendo sua parte para que todos obtenham o melhor resultado. Jogar peteca é como armar uma barraca, por exemplo. É preciso ter a ajuda de várias pessoas para segurar a lona e puxar as cordas. Uma vez pronta, acomoda a todos. Imagine um diretor ou presidente sobre esta barraca. Se todos verificarem constantemente a estrutura e as amarras, ela se manterá estável. Mas se alguém entrar em pânico, com medo de que algo aconteça ou que o peso faça com que a lona se rompa, e com isso deixar de verificar as bases de apoio, a estrutura poderá ruir.

E o que acontece quando a estrutura de uma empresa se abala? O caos toma conta de todos, que ficam perdidos e não sabem exatamente o que precisa ser feito. A criatividade e a energia desaparecem no ar.

Em uma organização, o comportamento dos líderes ou diretores é um detalhe extremamente importante para a estabilidade de todos. Se por algum motivo se deixam dominar pelo pânico ou pela dúvida, o impacto sobre as equipes é imediato e pode causar grandes problemas.

A maioria dos líderes só percebe o nível dos danos quando a situação já é incontrolável. É muito comum vermos isso acontecer com diretores ou gerentes novos, que ainda se sentem inseguros e não têm experiência para contornar a situação.

Veja um exemplo.

: : Todo mundo, alguém e ninguém

Um importante trabalho tinha de ser realizado e todo mundo tinha certeza de que alguém o faria. Alguém poderia tê-lo feito, mas ninguém o fez. Alguém ficou zangado porque era um trabalho para todo mundo fazer. Mas todo mundo pensou que alguém iria fazer alguma coisa e ninguém percebeu que o trabalho não foi feito. Ao final, todo mundo culpou alguém porque ninguém fez o que devia ser feito.

: : Controle excessivo

Você faz sua equipe deixar a peteca cair? Fica o tempo todo supervisionando, controlando e tentando fazer tudo sozinho? O controle excessivo inibe e desestimula as pessoas. Quando estamos inseguros diante de um projeto ou da situação da empresa, a tendência mais comum é ficarmos inspecionando todos os detalhes e fazendo a equipe perder tempo com um excesso de relatórios e de reuniões sem necessidade. É um trabalho exaustivo que deixa claro para as pessoas que não confiamos nelas.

Você tem esse perfil? Deixa todos malucos, desconfiados e sem noção exata de objetivos em vez de ser o ponto de referência deles? Responda às perguntas a seguir e descubra.

1. Você sabe exatamente a quem deve delegar cada tarefa?
2. Fica ansioso e desanimado com a quantidade de trabalho que tem de fazer e com o tempo que vai levar?
3. Acredita que seus subordinados desempenham bem suas tarefas?
4. Sente necessidade de verificar as atividades deles?
5. Consegue concentrar sua atenção no resultado final e deixar os detalhes para a sua equipe?
6. Tem necessidade de dominar todas as áreas de trabalho?
7. Consegue atender com facilidade todas as exigências de seu cargo?
8. Sente-se à vontade em seu cargo atual ou preferia o anterior?

9. Acredita que pode superar uma crise se ela acontecer?
10. Sente falta de alguém para pedir conselhos?

Se você respondeu "não" a mais de duas questões de números 1,3,5,7 e 9 ou "sim" a mais de duas de números 2,4,6 e 8 sua equipe provavelmente já está desistindo de manter a peteca no ar. Mas não se preocupe. Todos os que assumem cargos de gerência ou diretoria passam pelas mesmas dificuldades, dúvidas, medos e preocupações.

> Uma cliente minha de grande talento, que trabalhava com recursos humanos, desejava ser promovida e testar suas habilidades em um cargo com mais responsabilidades. Conseguiu a promoção e passou a trabalhar na formação e no treinamento de pessoal de agências do governo. Estava contente porque tinha atingido as metas a que nos propusemos quando ela veio me procurar. Mas quando a emoção inicial passou, ela começou a se sentir insegura e percebi que ia entrar em pânico. Disse que não se sentia respeitada por seus conhecimentos como era em seu cargo anterior. Era como se todos ao seu redor soubessem mais que ela. "Isso me preocupa tanto que estou começando a achar que não devia ter aceitado o cargo", disse. "Será que me aceitariam de volta em minha posição anterior? Meu marido e meus filhos estão tão orgulhosos de mim, mas este novo emprego está tomando todo o tempo que eu tinha com eles. O que faço agora?"
>
> Esta mulher estava a ponto de deixar a peteca cair. Precisava de algum tempo para conseguir relaxar e se ajustar à nova posição. Com um pouco de ajuda e orientação conseguiu finalmente desempenhar seu novo trabalho com tranqüilidade e começou a gostar dele.

O que fazer, então, quando sentimos que não conseguimos mais "manter a peteca no ar"? Como conquistar o respeito e a atenção das pessoas com quem trabalhamos? Por incrível que pareça, a estratégia para conseguir tudo isso é muito simples. A primeira coisa que você deve lembrar é que, para trabalhar com tranqüilidade no novo ambiente, é preciso conhecer-se e confiar em si mesmo e conectar sua mente e seu coração até estabelecer bases mais sólidas e estáveis.

: : Vá com calma

A melhor coisa a fazer quando se sentir inseguro ou em pânico é sentar e esperar. Não se desespere tentando encontrar soluções imediatas. Saia por alguns minutos, respire profundamente e tente se acalmar.

Quando entramos em pânico, acabamos concentrando toda a energia apenas na cabeça e perdemos o contato com o chão sob os nossos pés. O nível de oxigênio no cérebro diminui, assim como a energia espiritual necessária à nossa alma. Essa conexão é que nos mantém calmos e equilibrados e por isso é importante ter um tempo para restabelecê-la. E respirar profundamente ajuda muito.

Tentar ser eficientes em tudo e satisfazer a todos é mero desgaste de energia e só demonstra que estamos desesperados e inseguros. Ficar calmos, tentar nos equilibrar e ter uma postura mais tranqüila nos dá um ar de competência e autoridade e transmite a nós e às pessoas que estamos bem. E muitas vezes precisamos passar a imagem de que estamos tranqüilos mesmo que não estejamos. Então, quando precisar fazer isso:

- Lembre-se de que você sabe quem você realmente é e mantenha o coração e a mente conectados. Tome atitudes com base nessa conexão.
- Diminua o ritmo e respire mais fundo para transmitir calma em seus gestos ao invés de impaciência. Ao entrar em uma sala de reuniões, dê a si mesmo alguns segundos antes de começar a falar.

- Fale pouco e apenas o mais importante. Ouça tudo o que as pessoas têm a dizer e pense antes de responder.
- Escolha roupas sóbrias para causar boa impressão.
- Seja educado, gentil e demonstre interesse por todos.

Se estiver enfrentando problemas, o princípio de "ir com calma" é sempre útil. Quando todos ao seu redor estiverem em pânico, reclamando, agitados e exigindo que você resolva tudo, resista ao impulso de se desesperar e tente ver a situação sob um ângulo diferente.

: : Vômito emocional

Este é o termo que utilizo quando sinto que as pessoas querem despejar tudo em cima de você. Pode não ser o mais agradável, porém descreve bem a situação.

Líderes, executivos e gerentes acabam enfrentando isso com freqüência. Alguém chega agitado e nervoso de uma reunião e mal pode esperar para contar tudo o que aconteceu. Descrevem cada detalhe com indignação, raiva e insegurança e não param de falar. O que fazer?

Quando isso acontece, ficamos pensando "socorro, o que faço com ele? Não posso resolver o problema". Mas pode tentar ficar calmo, ouvir e falar o menos possível. Depois de algum tempo, a pessoa termina o que tem a dizer e, percebendo que você não está agitado e ansioso como ela, vai acabar desistindo e se acalmando ou então vai sair da sala. Por isso, manter a calma nesses momentos é a atitude mais apropriada e eficaz, pois permite que você mantenha a autoridade e a posição perante a pessoa.

Harry era um jovem que trabalhava em uma firma de advocacia e foi promovido a gerente. Como os outros gerentes eram mais velhos, não sabia como iriam tratá-lo. Começou então a trabalhar em excesso como forma de justificar sua promoção. Acabou se perdendo e não conseguia mais tomar decisões. Agia com impulsividade e ficava todo atrapalhado. Os outros gerentes começaram a achar aquilo um tanto engraçado.

Quando veio me procurar Harry estava muito ansioso e achava que não merecia a promoção. Conversamos bastante e depois de algum tempo, ele começou a agir com mais calma e a se controlar. Aprendeu a avaliar as situações e a decidir quando devia ou não se envolver. Deixou também de depender da aprovação dos outros gerentes e passou a respeitar mais a si mesmo e a confiar em sua capacidade de julgamento. Então, as coisas começaram a melhorar. Sua autoconfiança aumentou ainda mais quando um dos gerentes comentou: "Não tinha certeza se você era a pessoa mais certa para o cargo no início mas descobri que estava redondamente enganado".

: : Não tente ser especialista em tudo

Quando são promovidas, as pessoas normalmente acham que têm de saber tudo e dominar cada detalhe de seu novo trabalho. Isso é algo impossível e também desnecessário. Ninguém consegue ser especialista em todas as áreas, especialmente quando seu cargo envolve uma gama mais vasta de atividades.

Se você está nessa posição, sua tarefa é observar os diversos aspectos em conjunto e equilibrar o trabalho de todos, incluindo o dos especialistas de cada área. Observe quais são suas responsabilidades com muita calma e decida como desenvolver cada uma delas de maneira estratégica e eficiente. Assim poderá se familiarizar com cada área de sua empresa e interagir com todos os especialistas sem maiores problemas. Uma pessoa sensata consegue admitir suas necessidades e procurar ajuda e conselhos quando precisa. Deixe que as pessoas o vejam como um facilitador, que incentiva e encoraja a todos em vez de se sentirem ameaçados com sua presença. Você não tem de conhecer e dominar todas as tarefas de sua área. O mais importante é confiar nas pessoas que as desenvolvem e ajudá-las a fazer tudo da maneira mais eficaz e sem deixar cair a peteca.

Uma das maiores empresas mundiais de engenharia adotava até havia pouco tempo um sistema em que todos os gerentes de produção tinham de se reportar mensalmente ao gerente geral e passar a ele todos os detalhes de sua área. O clima dessas reuniões mensais era pesado e intimidava a todos. Os gerentes se sentiam como crianças esperando ser chamadas na sala do diretor da escola para receber castigo. Seu nível de ansiedade aumentava tanto quando o dia da reunião se aproximava que até seus cônjuges e filhos sentiam. Era uma situação insustentável.

Sem saber, esse gerente geral estava dizendo a todos que deviam simplesmente "deixar a peteca cair". Seus funcionários estavam totalmente desorientados. Precisei de algum tempo para mostrar a ele que seu método de trabalho estava afetando negativamente o ambiente da empresa e que poderia modificar as coisas sem se colocar em uma situação constrangedora.

Analisando seu passado, ele percebeu que essa necessidade de conhecer e controlar todos os detalhes tinha origem em uma profunda necessidade de reconhecimento. Sua irmã, a quem todos consideravam "brilhante", recebia tanta atenção e favorecimento de seus pais que sua única maneira de chamar a atenção foi tornar-se perfeccionista ao extremo. Isso se tornou parte de sua personalidade e mais tarde um de seus chefes até encorajou essa característica, que via como um talento. Sua vida pessoal e de trabalho tornaram-se então uma questão de perfeição. Mas isso se mostrou ineficaz com os gerentes da empresa, que se sentiam pressionados e extremamente incomodados com aquelas reuniões mensais.

Em seu ambiente de trabalho, as pessoas não tinham a menor idéia de como era sua personalidade fora dele. Não imaginavam que tivesse um grande senso de humor, uma paixão pelo futebol (que o levou a dar treinamento para crianças nos fins de semana) e que era um pai muito carinhoso.

Levou algum tempo até que ele decidisse mudar sua estratégia de gerenciamento.

Começou a se interessar e a querer conhecer melhor os gerentes que trabalhavam com ele. Ao invés das reuniões mensais, passou a conversar com cada um deles mais informalmente, oferecendo ajuda e suporte. Perguntas do tipo "como está o departamento?" e observações como "isso é ridículo. Nunca tive problemas para fazer isso" foram aos poucos substituídas por "vejo que algumas coisas ainda não foram feitas ou terminadas. O que podemos fazer para ajudar?" Ele finalmente aprendeu a oferecer e a aceitar ajuda e a acreditar que seus funcionários tinham capacidade de desempenhar bem suas tarefas.

: : Visão aérea

Quando o senhor Bob Reid era presidente da Shell na Grã-Bretanha, deu uma palestra muito interessante em uma reunião de professores e conselheiros da Universidade de Aberdeen. Falou de um conceito que chama de "visão aérea", segundo o qual todos os que ocupam cargos de responsabilidade e de chefia devem, de tempos em tempos, imaginar-se em um helicóptero sobrevoando seu local de trabalho. Com isso, podem ter uma visão do conjunto e de como as diferentes áreas podem se integrar.

A visão aérea pode nos permitir enxergar os objetivos de maneira mais clara, sem todos os detalhes e obstáculos do caminho. Assim fica mais fácil ver o que cada um está fazendo, os pontos em que o trabalho se complica, o que precisa ser feito e quais mudanças são necessárias para que tudo se desenvolva com mais facilidade.

Quando assumi a diretoria da BBC e do Conselho de Radiodifusão da Escócia eu ainda era bastante jovem e me senti um pouco perdido com tanta responsabilidade. Tive de aprender depressa a diferença entre ser executivo e ser executivo-chefe. Enquanto o inspetor da BBC tinha de tomar decisões diárias e manter contato com todos os departamentos, meu trabalho era bem diferente. Levei algum tempo para entender que minha tarefa era incentivar e dar suporte à BBC escocesa, que crescia constantemente, e abrir espaço para sua expansão no país. Assim, podia dar continuidade ao trabalho dos especialistas em cada área e melhorá-lo ainda mais.

: : Seja um facilitador

Se seu cargo envolve responsabilidade pelo trabalho de outras pessoas, você pode ser um facilitador. Isso significa direcionar e incentivar a todos para que utilizem ao máximo suas habilidades.

Quando fazemos o trabalho de outra pessoa, estamos questionando sua eficiência. Como ela pode mostrar aquilo de que é capaz se não tem chance de fazer? E quando ficamos controlando todas as suas atividades, dizendo a ela o tempo todo o que fazer e esperando que cometa erros para podermos apontá-los, estamos diminuindo sua capacidade de desenvolver um bom trabalho. Mas quando explicamos com clareza aquilo que deve ser feito e incentivamos as pessoas a acreditar que são capazes de desempenhar suas tarefas, estamos ajudando. Mostre a todos de sua equipe que eles podem contar com você caso tenham dúvidas ou precisem de suporte e deixe que elas façam o seu melhor trabalho.

Ao delegar, você não apenas incentiva e facilita o trabalho das pessoas mas também passa a ter mais tranqüilidade para fazer o seu.

Chefes que se recusam a delegar passam uma imagem de insegurança. Deixe que as pessoas se destaquem, que se sintam bem com seu sucesso e que enfrentem desafios. Quando ajudamos os outros também nos beneficiamos, pois tendo uma equipe unida e confiante podemos nos concentrar em grandes objetivos.

Ted era corretor de grande talento, mas não sabia trabalhar em equipe. Tinha grandes idéias administrativas, estratégicas e de marketing mas não as dividia com os outros.

Foi promovido e os problemas se agravaram ainda mais, pois não tinha idéia de como lidar com seus subordinados e incentivá-los no trabalho. Continuou a se comportar como se estivesse sozinho no departamento, fazendo tudo e relegando a equipe a segundo plano. Ninguém gostava dele e muitos pediram demissão. Seu cansaço e estresse também aumentavam a cada dia. Isso só começou a mudar quando sua chefe o chamou em sua sala e mostrou o que estava fazendo de errado.

Com o apoio dela, uma grande facilitadora, aprendeu a incentivar e a inspirar as pessoas. Passou a valorizar cada membro de sua equipe, conhecendo seus interesses e habilidades. Começou então a delegar mais responsabilidades e a confiar em todos. O entusiasmo e a segurança de Ted cresceram juntamente com os da equipe. Ao delegar tarefas que não precisava desempenhar pessoalmente, incentivou o trabalho de todos e ganhou mais tempo para desenvolver o seu.

: : Economize energia

Ficar correndo pelo escritório para fazer o trabalho dos outros e tentar estar em todos os lugares ao mesmo tempo é muito estressante. Em vez de fazer disso, guarde sua energia para quando for realmente necessário. Sempre haverá decisões importantes a tomar e é com elas que devemos nos preocupar, e não com cada pequeno detalhe que surge em nosso departamento.

Deixar a peteca cair nos torna menos eficientes e acaba tendo um impacto negativo em nossa vida pessoal. Lembra-se daquele cliente que trabalhava na área educacional, que já mencionei? Estava tão exausto que sua vida familiar também começou a ser afetada. O problema é que estava utilizando toda a sua energia, inclusive a que deveria despender em casa, na tentativa de não deixar a peteca cair. Estava sobrecarregado porque queria resolver todos os problemas em todas as áreas.

Porém, quando passou a aplicar o princípio de "visão aérea" no departamento, começou a mudar. Tornou-se mais confiante, dinâmico e hoje chefia um dos departamentos mais importantes da empresa.

: : Exercício: Seja um Alpinista

Vivendo e trabalhando próximo das maravilhosas montanhas da Ilha de Skye, tomei consciência da ligação que os alpinistas estabelecem entre si. Muitas vezes esses homens e mulheres têm de tomar decisões que envolvem risco de morte e confiar cegamente uns nos outros. Reconhecer isso é crucial para aqueles que desejam chegar ao pico de uma montanha. Baseado nesses alpinistas, desenvolvi dois exercícios.

: : Compartilhar a corda

Uma pergunta muito comum entre os alpinistas é: você dividiria a corda com ele/ela?

Isso significa: você confia nessa pessoa a ponto de deixar sua vida nas mãos dela? Quando decidimos escalar uma montanha com um amigo ou uma equipe, compartilhamos as cordas e também a responsabilidade uns pelos outros e pelo resultado final. Dividir a corda com alguém envolve confiança plena.

Neste exercício, você tem de identificar pessoas-chave dentro da organização em quem realmente confia e com quem pode dividir idéias e opiniões. Quando temos uma equipe de pessoas assim, podemos escalar todas as montanhas de tarefas e objetivos à nossa frente.

Pergunte a si mesmo:

- Com quem eu dividiria uma corda hoje?
- Será que se observar melhor não vou descobrir mais pessoas com quem posso dividir uma corda?

Este é o primeiro passo para estabelecer uma equipe de pessoas de quem gostamos e com quem teríamos prazer em trabalhar.

: : Colocar os pinos

Pinos são estacas que os alpinistas inserem nas fissuras das rochas para usar como degraus. Colocar os pinos é um trabalho vital no alpinismo. Tem de ser feito de maneira estratégica e com muito cuidado. Uma quantidade pequena desses pinos é carregada em uma mochila e eles são utilizados um por vez, por isso a escolha de quando e onde inserir cada um é crítica. O "momento de inserir os pinos" é uma oportunidade para pôr mãos à obra, tomar decisões importantes pela comunidade e pelo desenvolvimento de uma empresa.

E assim como um alpinista não pode usar todos os seus pinos de uma só vez, um executivo prudente avalia as situações antes de decidir qual o melhor momento de utilizá-los. Ou seja, uma decisão por vez. Quando estabelecemos nossas metas de maneira equilibrada, todos os que dividem a corda conosco passam a entender claramente nossos objetivos, nossa maneira de pensar e de agir.

Eficiência significa saber utilizar um número mínimo de pinos com o máximo efeito. Não precisamos desperdiçá-los com decisões ou situações de menor importância que podem ser delegadas a outras pessoas.

Pergunte a si mesmo:

- Qual foi a última vez que utilizei um pino com precisão?
- Em que tipo de situação um pino bem utilizado pode ser crucial?

O diretor de uma universidade me procurou porque sentia que havia muitas coisas em sua instituição que precisavam ser mudadas, principalmente porque eram situações já vindas de administrações anteriores. Tinha de tomar algumas decisões importantes e mudar seu estilo de liderança. A administração por consenso estava criando uma atmosfera de instabilidade em diversos departamentos. O diretor estava muito tentado a arregaçar as mangas e resolver as diversas questões pendentes, mas tinha consciência de que fazer isso poderia levar a equipe a deixar a peteca cair. Decidiu então utilizar uma estratégia que acabou agradando a todos.

Propus a ele uma questão: "Com quem você dividiria a corda?" Analisando a situação, percebeu que havia diversas pessoas no departamento em quem poderia confiar para estabelecer uma equipe eficiente. Conversou com cada uma delas, deixou que falassem de suas idéias e aspirações e dividiu com elas o que tinha em mente.

Com a reorganização da equipe e a revisão dos métodos de administração da universidade, o diretor passou a ter mais tempo para se dedicar à "colocação dos pinos" e a utilizá-los da maneira mais eficaz ao tomar decisões e ao estabelecer novos planos de ação.

: : Mantenha a peteca no ar

Para fazer isso, é preciso que cada um na equipe se sinta seguro em seu posto e confiante para agir. A função de quem gerencia um departamento é equilibrar todas as áreas para que o trabalho se desenvolva de maneira tranqüila e organizada. Se o líder entra em pânico, todos acabam entrando também. Mas se consegue manter a calma, as pessoas se sentem mais confiantes, independentemente da situação. Se alguém deixa a peteca cair, o restante se sente desmotivado a continuar. O segredo está em utilizarmos todos os nossos recursos para lidar com a incerteza e não deixar que ela assuma proporções incontroláveis. Para isso, temos de conhecer melhor a nós mesmos, manter nossa mente e nossas emoções conectadas, confiar em nossas habilidades e capacidade de julgamento e manter sempre a calma. Assim estaremos mais preparados para lidar com os imprevistos.

: : Sete : :
Auto-avaliação: como está meu desempenho?

No ambiente de trabalho, a maioria das pessoas está sempre avaliando e sendo avaliada. Isso faz parte da vida de trabalho e é um aspecto muito importante. Sempre esperamos que alguém nos diga como está nosso desempenho e normalmente aceitamos essas avaliações mesmo quando o avaliador não nos conhece tão bem a ponto de identificar nossas habilidades e nosso potencial.

Por isso, a auto-avaliação é importante. Exige coragem para olharmos nós mesmos no espelho e observarmos todas as nossas características. Será que costumamos olhar para dentro e nos avaliar? Com que freqüência observamos aquilo que está ou não funcionando bem em nossa vida, em quais áreas nos destacamos e em quais precisamos melhorar, quanto já caminhamos e quanto ainda falta caminhar? Quase nunca fazemos isso. Quando transformamos a auto-avaliação em um hábito, podemos estabelecer o tipo de vida que desejamos ter e o tipo de trabalho que desejamos fazer. Ela passa a ser uma ferramenta indispensável.

Neste capítulo tratarei dos diversos aspectos da auto-avaliação e de como podemos fazer dela um hábito. Conhecermo-nos bem é o primeiro passo para tornar nossa vida melhor; a auto-avaliação é o segundo. Podemos atualizar constantemente o conhecimento e a compreensão de nossa personalidade.

Este tipo de avaliação envolve ser claro, franco e verdadeiro para consigo mesmo, escolhendo o melhor caminho a seguir e as metas a serem atingidas. Significa perguntar: "Como vejo o meu desempenho hoje?" Isso é mais importante do que saber a opinião dos outros, pois somente você pode ter uma visão mais clara de todos os aspectos de si mesmo. Quem se sente bem com aquilo que faz, gosta de si mesmo e está consciente de seus princípios e habilidades passa uma imagem de segurança que atrai as pessoas.

Vou mostrar alguns exercícios que vão lhe permitir avaliar a si mesmo e direcionar sua vida da maneira que desejar e explicar a importância de desenvolver um código de valores pessoais para fazer uma auto-avaliação sem a necessidade de depender exclusivamente da opinião das pessoas.

É impossível avaliar corretamente as pessoas sem avaliar primeiro a nós mesmos. Auto-avaliação é vital para quem deseja se conhecer melhor e conectar mente e coração. Sem isso, acabamos nos tornando preguiçosos, envelhecendo mais rápido e desenvolvendo hábitos negativos que acabam nos prejudicando e nos impedindo de progredir.

: : Os itens da auto-avaliação

Responda a estas dez perguntas com toda a honestidade:

- Você gosta de seu trabalho e quer continuar com ele?
- Gosta de sua maneira de trabalhar?

- Trata bem seus colegas e subordinados?
- Está consciente de suas metas a curto e em longo prazo?
- Costuma rever e analisar suas metas com freqüência?
- Aprende sempre coisas novas em seu trabalho?
- Tem boas expectativas para o futuro?
- Sua vida particular e de trabalho estão equilibradas?
- Seu trabalho o satisfaz?
- Consegue identificar os problemas assim que surgem?

Se respondeu "sim" a todas as perguntas, isso significa que sua vida de trabalho está equilibrada. Se respondeu "não" a uma ou duas delas é porque algumas áreas precisam ser mais bem analisadas. Se respondeu "não" a mais de três perguntas, é sinal de que está na hora de rever sua vida de trabalho e pensar em outras possibilidades.

: : Esteja alerta

Lembro-me de uma ocasião, enquanto servia como capelão no regimento Black Watch, em que fizemos uma viagem a Belize, na América Central, acompanhando o sargento major Starchie Smith, da Companhia Bravo. Em uma manhã de muito frio, ele reuniu os homens para uma marcha e, em determinado momento gritou: "Vocês não estão se concentrando! Alerta!". Alguns minutos depois, percebendo que eles ainda não estavam no ritmo certo, repetiu o comando e adicionou: "Vocês estão mesmo fora de sintonia!"

Esta história me faz lembrar de diversas situações em meus treinamentos e conferências. Para essas ocasiões, desenvolvi um Teste de Atenção que já foi utilizado até em programas de desenvolvimento da diretoria e da presidência da empresa mundial de consultoria Cap Gemini Ernst & Young [CGEY] e em diversas outras como um guia de auto-avaliação de executivos.

Responda às perguntas a seguir e aplique os conceitos à sua vida diária. É uma boa maneira de rever seus pontos de vista e de se conhecer melhor.

: : O Teste de Atenção

: : Observe o ambiente ao seu redor

Você costuma observar o que se passa ao seu redor? Percebe quando as pessoas com quem trabalha, negocia ou supervisiona estão cansadas? Percebe quando estão tendo problemas de trabalho ou pessoais? Leva isso em conta quando precisa fazer ajustes ou modificações? Consegue parar alguns minutos para ouvir alguém ou oferecer ajuda? Observar atentamente o que ocorre ao seu redor ajuda a perceber o que se passa de verdade com as pessoas. Acha difícil fazer isso? Costuma se sentir como um trem desgovernado, seguindo em frente sem pensar mesmo quando a situação exige uma atitude mais sutil ou uma dose maior de sensibilidade? Para desenvolver uma percepção mais aguçada, comece a observar melhor seu ambiente de trabalho. Olhe para a sala, para as pessoas e perceba como elas interagem. Adapte então seu comportamento e expectativas à realidade delas.

> Um jovem consultor de Manchester tinha uma carreira promissora. Estava trabalhando em um novo projeto que representava um grande desafio para ele e para sua equipe e poderia lhe trazer ainda mais sucesso ou até mesmo uma promoção. Mas estava muito apreensivo com relação a uma reunião que teria em breve. Pedi que descrevesse o que estava sentindo e ele disse que tremia só de pensar na sala de reuniões e em ter de falar com o diretor geral. Tinha receio de não conseguir fazer direito sua apresentação para um homem que causava temor a todos na empresa.

Toda vez que pensava na reunião, entrava em pânico. Começamos então a trabalhar o problema e ele pôde avaliar melhor a situação. Tentando observar as coisas sob o ponto de vista do diretor, percebeu que para ele a reunião também seria muito importante. Conscientizou-se de que o CEO era um ser humano tão vulnerável quanto ele. Preparou-se então, concentrando-se no que iria dizer e até desenhou a sala de reuniões em um papel para se sentir mais à vontade com o ambiente.

Quando o dia chegou, estava preparado e bem mais confiante. O resultado foi uma reunião extremamente positiva e proveitosa.

: : Tente enxergar as coisas sob um novo prisma

Você se sente seguro a ponto de não se importar de ser diferente? Consegue fugir dos padrões, descobrir novas maneiras de fazer as coisas e ver as situações sob outra perspectiva? Enxergar a realidade sob um novo prisma significa renovar sua maneira de pensar sobre o que acontece no mundo. Você está atualizado e aberto para as notícias transmitidas pela televisão e pela imprensa? É uma pessoa interessante com quem se pode conversar sobre vários assuntos? A troca de idéias informal em um intervalo ou enquanto se toma uma xícara de café pode fazer toda a diferença no resultado de uma reunião ou de um projeto.

Quando Euan Blair, de 16 anos, filho do Primeiro-ministro do Reino Unido teve alguns problemas emocionais, a família toda ficou preocupada e sentiu que o mais adequado seria procurar orientação profissional. Mas como isso tinha acontecido? Quem estava supervisionando suas atividades fora de casa e por que ele teve problemas?

A maioria das pessoas, inclusive a imprensa, tinha respostas convencionais para essa questão, discutida na época em todo o país.

Mas ninguém pensou em algo muito mais simples: Euan Blair tinha discutido com alguns amigos, que se afastaram dele e o deixaram sozinho no centro de Londres em uma madrugada. Por que isso aconteceu? Tentar ver as coisas sob um prisma diferente nos permite pensar em diversas respostas e possibilidades para uma questão relativamente simples mas que pode tomar grandes proporções. E pode transformar uma conversa informal em uma troca de idéias interessante.

: : Energia

Você já parou para pensar na sua energia e que ela pode influenciar seu ambiente de trabalho? Costuma se sentir desanimado e se esquecer, por alguns instantes, do que estava fazendo? Conhece bem seu relógio biológico e consegue perceber como as pessoas estão? O que faz quando seu nível de energia está baixo? A maioria das pessoas acha mais fácil e conveniente entregar-se a alguns vícios (roer as unhas, comer em excesso, beber etc.) do que procurar conhecer e tentar modificar seu nível de energia e seu relógio biológico. Trabalham sem parar, ignorando os sinais da dor e da exaustão a ponto de não reconhecer mais suas próprias necessidades.

Você percebe suas variações de estado emocional e físico? Leva isso em consideração nas situações do dia-a-dia enquanto conversa com as pessoas ou participa de reuniões e conferências? Assim como a bateria de um carro, a nossa energia não dura para sempre. Em determinados momentos, precisamos de recarga. Fazer exames de rotina é essencial para a saúde, assim como seguir as recomendações médicas. Cuidar bem de si mesmo resulta não apenas em um desempenho melhor como em um relacionamento mais equilibrado e positivo com as pessoas.

O editor de uma revista que foi meu cliente e tinha apenas 30 anos percebeu que estava começando a se sentir sempre cansado e de mau humor. Estranhou o fato, pois sempre tinha se orgulhado de não precisar de muito sono, ter níveis altos de energia e conseguir trabalhar 12 horas por dia e ainda sair à noite. Pedi que fizesse um relatório semanal de todas as suas atividades e de como se sentia, de seu nível de energia, dieta e exercícios.

O resultado foi interessante. Ele percebeu que começava o dia com muita energia mas que seu nível de produção caía no final da manhã e início da tarde, se recuperando somente algumas horas depois. Não fazia exercícios e não se alimentava muito bem. Não tomava café-da-manhã, bebia muito café, comia demais no almoço e jantava tarde, normalmente com uma dose de bebida alcoólica durante ou depois. Não queria modificar totalmente seu estilo de vida, mas estava disposto a fazer alguns ajustes para se sentir melhor. Começou então a tomar café-da-manhã, a comer menos durante o almoço, diminuiu um pouco a quantidade de cafeína e deixou de tomar bebidas alcoólicas alguns dias na semana. Passou também a fazer exercícios e descobriu que isso lhe fazia muito bem. Com essas mudanças, seu nível de energia aumentou, mas sentia que ainda tinha uma queda de rendimento no início da tarde. Começou então a evitar reuniões ou excesso de trabalho nas primeiras horas após o almoço.

: : Reveja sua vida

Tudo na vida é uma questão de negociar. Seu estilo de vida lhe agrada? Você pára de vez em quando para rever o que está acontecendo mesmo em momentos decisivos como uma reunião importante? Observa o comportamento das pessoas durante uma negociação e analisa suas opiniões? Costuma rever seu desempenho em termos de projetos, de relacionamento e de metas?

Uma boa maneira de se terminar o dia é parar para refletir durante alguns minutos, revendo tudo o que aconteceu e selecionando aquilo que nos fez bem e o que pode ser modificado. Não é preciso fazer uma análise exaustiva de tudo. Basta rever os fatos com tranqüilidade, decidir o que precisa ser revisado e esquecer o assunto, deixando para resolver cada coisa em seu devido tempo. Nossa energia também depende disso, pois ao revisar uma conversa, uma reunião ou mesmo nossa vida, temos de prestar atenção ao nosso corpo e à nossa saúde.

> Conheci uma jovem que estava desenvolvendo uma carreira brilhante na área de prestação de serviços em empresas financeiras até cometer alguns erros graves. Dois negócios importantes tiveram resultados negativos. Preocupada com seu desempenho, ela veio me procurar. Estava pensando em desistir de trabalhar na área pois tinha ciência que, apesar de tudo o que já havia conquistado, outro erro daquele tipo lhe custaria o emprego. E não sabia o que fazer caso isso acontecesse.
>
> Pedi que fizesse o Teste de Atenção para verificar o que havia acontecido. Percebeu então que os dois erros foram cometidos no final do dia, quando todos queriam encerrar as atividades. Ficou apreensiva e quis resolver tudo rapidamente para terminar as reuniões. Se tivesse conseguido parar e pensar com calma, teria interrompido as atividades e marcado outras sessões antes de fechar os negócios. Com mais tempo para pensar, seu desempenho teria sido ainda melhor.
>
> Depois disso, ela passou a avaliar o que acontecia em todas as reuniões das quais participava, pedindo alguns minutos de intervalo para se retirar e pensar com tranqüilidade antes de recomeçar. Sentiu que seu desempenho estava melhorando e voltou a ter excelentes resultados em seus negócios.

: : Desenvolva a noção de tempo

Você espera com calma para conseguir o que deseja? Ou passa o dia correndo, tentando terminar tudo rápido, sempre exausto e desanimado? É realista com relação ao tempo ou é daquelas pessoas que acha que pode sempre terminar tudo em 20 minutos? Ter noção exata de tempo é vital no mundo dos negócios e também em nossa vida pessoal. Ajuda a estabelecer um ritmo de vida mais tranqüilo e divertido sem tanta correria e desgaste desnecessário.

Quando aprendemos a arte de administrar bem o nosso tempo, percebemos que só temos a perder quando lutamos contra o relógio tentando cumprir uma lista interminável de tarefas. É importante ser realista, estabelecer prioridades e saber quando parar. Analise a maneira como você utiliza seu tempo e as modificações que pode fazer para estabelecer um ritmo melhor.

> Um jovem executivo que me procurou dizia estar sempre correndo e sob pressão para atingir metas difíceis ou impossíveis. Tinha apenas 33 anos, sentia-se muito cansado e achava que sua vida era como um redemoinho: sempre em movimento. Gostava de seu emprego, mas já não tinha o mesmo ânimo de antes.
>
> Fez o Teste de Atenção e começou a refletir sobre sua noção de tempo. Percebeu que exigia demais de si mesmo e que assumia tarefas demais para poder cumprir. Tomou a decisão de reduzir sua carga de trabalho e de distribuir melhor o tempo para cada atividade. Passou então a se sentir mais tranqüilo, menos estressado, mais eficiente e a ter mais satisfação no trabalho.
>
> De todos os passos do Teste de Atenção, o que mais o ajudou foi a organização do tempo, que lhe permitiu concentrar mais energia em sua carreira. Passou a fazer o teste com freqüência para avaliar situações em sua vida profissional e pessoal e descobriu que poderia fazer ainda mais modificações. Tornou-se uma pessoa mais estável, começou a ter cada vez mais prazer em seu trabalho, seu humor melhorou e ele começou a ver tudo sob um ângulo mais positivo.

Mas para que o Teste de Atenção funcione é preciso total honestidade. Como o major Starchie Smith costumava dizer aos soldados "precisamos fazer tudo com atenção". Muitos de meus clientes utilizam este Teste em todas as situações, seja em sua vida pessoal, durante reuniões formais de trabalho ou em momentos de decisão. A maioria diz ter descoberto um novo tipo de compreensão e de visão das outras pessoas, novas maneiras de enfrentar dificuldades e que seus relacionamentos de trabalho hoje são muito melhores.

O Teste ajuda a estabelecer um nível de consciência que nos ajuda a ser mais produtivos, interessantes e equilibrados. Aprendemos também a valorizar e a incentivar as pessoas, dando a elas mais liberdade de ação e segurança. Isso permite que melhorem seu desempenho, tenham mais consciência de suas tarefas, maior auto-estima e mais satisfação em seu trabalho e em sua vida pessoal.

: : Seja honesto consigo mesmo

Ao avaliar a nós mesmos, precisamos ter em mente nossas crenças e valores mais importantes. Se você acredita que as pessoas merecem ser tratadas com respeito e gentileza, vai agir de acordo com esses valores. E se percebe que precisa desenvolver mais essas qualidades porque não tem tratado seus colegas de trabalho como deveria, uma auto-avaliação mais profunda pode ajudar a descobrir as causas e ajustes que precisam ser feitos em sua personalidade. Por exemplo: se você está muito cansado, estressado e sob pressão, isso pode acabar fazendo com que trate as pessoas de maneira mais fria ou menos gentil. Parar para pensar e tentar descobrir como reduzir a pressão vai ajudá-lo a relaxar e a ter mais tempo para si mesmo e para os outros.

O mais importante é estar consciente dos valores que você deseja para sua vida, principalmente se algumas pessoas ao seu redor o criticam e diminuem sua auto-estima. Para evitar que isso o afete (o que é muito comum) basta ter sempre em mente esses valores e não permitir que as pessoas ou as situações o façam desistir.

Quando era diretor de escola eu costumava ir me despedir dos alunos que terminavam o curso ou que mudavam para outro colégio. Agradecia por todo o seu esforço e contribuição e dizia sempre algumas palavras de incentivo: "Não deixe que os invejosos interfiram em sua carreira e sucesso". Eles riam muito ao ouvir esta frase.

Eu explicava então: "Em toda parte há pessoas que acham que têm sempre as melhores idéias, já fizeram tudo antes e invejam os que têm iniciativa e tentam contribuir ou fazer algo diferente. Jamais permita que comentários venenosos, de desprezo ou indiferença o desanimem e impeçam de chegar aonde quer".

Passei por uma fase difícil no Loretto, e meu amigo e mentor Hector Laing me disse: "Norman, para que deixar as provocações de pessoas pequenas afetarem seu humor?" Todos os que alcançam vitórias ou sucesso encontram algumas mentes limitadas pelo caminho. Cabe a nós decidir se elas têm o poder de nos abalar ou se simplesmente as ignoramos e seguimos em frente. O mais importante é ser honesto consigo mesmo.

Quando eu trabalhava na BBC, o Comitê Governamental de Remuneração funcionava das quatro às oito horas. E os assuntos ali tratados eram tão importantes que às vezes os governadores participavam das reuniões. Lembro-me de me sentir incomodado com alguns valores pagos como bônus aos membros do governo. Como era representante da BBC, uma corporação de serviços públicos, eu me levantava e dizia: "Com este valor poderíamos pagar um ano inteiro de salário de dez enfermeiros ou de assistentes sociais".

Não era fácil dizer esse tipo de coisa, mas alguém tinha de fazer isso. É claro que meus comentários eram quase sempre ignorados e o comitê mantinha suas decisões. Alguns membros chegavam a verbalizar que concordavam com minhas idéias mas que havia uma grande competição por salários em todo o país. Mesmo assim jamais desisti. Fiz tudo o que pude para que mudassem de idéia seguindo fielmente meus valores e crenças.

Manter-se fiel a seus valores e crenças nem sempre é sinônimo de popularidade ou de uma vida mais fácil. Mas lhe permite saber exatamente quem você é, para onde vai e pode levar a grandes vitórias.

A história de Eric Liddell, o "homem mais rápido da Escócia", é um bom exemplo disso. Nos Jogos Olímpicos de Paris em 1924 ele se recusou a participar da maratona de elite dos 100 metros porque seria em um domingo e ele teria de desrespeitar o *Sabbath*. Quando foi chamado para a corrida dos 400 metros, recebeu um bilhete de um dos maiores atletas norte-americanos com uma frase de estilo bíblico: "Honrarei aqueles que me honrarem". Liddell, um homem de grande disciplina física e mental, que também representava a Escócia no jogo de rúgbi, ganhou a medalha de ouro na corrida dos 400 metros. Sua vitória chamou tanto a atenção que se transformou em um filme ganhador de Oscar: *Carruagens de fogo*.

: : O Desafio Columba

Na Columba 1400, nosso Centro Internacional em Staffin, na Ilha de Skye, um conjunto simples de valores é passado a todos os que nos procuram para fazer cursos de liderança. Chamamos esse conjunto de Desafio Columba. O Desafio envolve auto-avaliação, revisão de carreira e desenvolvimento de potencial. O lema da Columba 1400 foi criado com base nas obras de John Buchan, o marquês de Montrose, um famoso general escocês que apoiava os realistas na Guerra Civil Inglesa e que reuniu, em 1644, aquilo a que chamou "the rag, tag and bobtail army" [o exército de trapos e cavalos sem rabo] mas que venceu exércitos bem maiores e mais poderosos, como o do Concílio. Estas vitórias só foram possíveis graças ao estilo de liderança de Montrose e do fato de acreditar e confiar no potencial de cada ser humano. Ele dizia: "Nossa missão não é desenvolver boas qualidades nas pessoas, mas sim fazê-las vir à tona, pois elas já existem em todos nós".

O Desafio Columba parte do princípio de que todos temos características positivas. Nos últimos anos, grandes empresas internacionais como a Ernst & Young, o Halifax Bank of Scotland, a Rolls-Royce e o Lloyds TSB têm adotado o Desafio Columba em sua rotina diária de trabalho e pessoal, pois trata-se de uma ferramenta útil em todo tipo de situação.

Os seis itens do Desafio nos levam a refletir sobre nossos valores, crenças e metas de trabalho.

: : Consciência

Ter consciência de nossa personalidade é a chave para reconhecer nossos princípios e valores. Avaliar a si mesmo exige coragem. Não é fácil admitir que temos um lado obscuro, mas é necessário. Só assim podemos descobrir o que é realmente importante para nós.

: : Foco

Descobrir o que é mais importante em nossa vida nos torna mais conscientes. O que você deseja conquistar e o que quer evitar? Uma vez concentrados naquilo que realmente importa, passamos a utilizar toda a nossa energia, idéias e motivações mais profundas.

: : Criatividade

Quando estamos totalmente concentrados e conscientes, surge a necessidade de ação. Isso requer uma dose maciça de criatividade que nem sequer imaginávamos ter e que pode nos transformar em pessoas diferentes e especiais.

: : Integridade

Nenhum código de valores sobrevive aos desafios, conflitos e circunstâncias da vida se não tiver como base a integridade. É uma característica essencial a ser cultivada se desejarmos nos conhecer melhor e ajudar as pessoas.

: : Perseverança

Outra característica sem a qual não se consegue atingir grandes objetivos. Se quisermos descobrir todo o nosso potencial e nossas melhores qualidades, temos de nos lembrar de que o fracasso pode ser a base de nossa próxima conquista e do verdadeiro sucesso. A perseverança permite revelar nossa verdadeira personalidade.

: : Servir

Toda pessoa consciente, criativa, íntegra e perseverante acaba se dedicando a ajudar as outras. Uma das características da personalidade mais nobre é a vontade de servir. Nelson Mandela, o primeiro presidente negro da África do Sul, homem de extraordinária coragem e integridade, declarou em um tributo a seu grande amigo e mentor Walter Sisulu: "Nasci para liderar. Walter me ajudou a perceber que minha verdadeira vocação é servir ao povo".

: : O desenvolvimento das qualidades Columba

Ao utilizar o Código Columba para descobrir e reafirmar seus próprios valores, as pessoas acabam sentindo necessidade de fazer algo por aqueles que precisam de ajuda. E os jovens que participam do Columba 1400 descobrem que podem ter o futuro que jamais sonharam.

Tommy nasceu em Glasgow e veio procurar o Columba 1400. Sofreu abusos quando criança e mais tarde se tornou viciado em heroína. Dez anos depois começou a tomar metadona. Antes de freqüentar o Columba, só saía de casa para pegar a receita do medicamento. Sua auto-estima era baixa e ele nem acreditava que teria um futuro. Após algum tempo conosco, não tinha mais medo nem vergonha de falar com as pessoas e descobriu que podia até ajudá-las. Hoje, trabalha em uma casa de caridade em Glasgow e nas horas de folga recolhe roupas e brinquedos usados pela vizinhança para as crianças pobres no Afeganistão.

Quando se despediu do Columba 1400 deixou um bilhete de agradecimento: "Muito obrigado a todos. Durante 12 anos me dediquei mais à heroína do que à minha filha, Siobhan. Agora vou voltar para minha família e tentar reconstruí-la". E foi o que fez.

Um homem que personifica todas as qualidades Columba é o senhor Edmund Hillary, que conquistou o Monte Everest juntamente com Sherpa Tenzing em 1953. No aniversário de 50 anos da famosa escalada, Helen Clark, a Primeira-ministra da Nova Zelândia, lembrou a todos que o senhor Edmund ainda é o neozelandês mais conhecido no mundo. "Ele representa a visão, a coragem, a perseverança e a integridade. Se eu fosse explicar por que este homem serve de inspiração para todos nós há mais de 50 anos acabaria fazendo um discurso de várias horas".

: : O que conta é o que você é, não o que você diz

Nos momentos mais difíceis de uma empresa, os diretores e o presidente acabam assumindo, voluntariamente ou não, responsabilidade por todos os funcionários, sócios e pelas informações divulgadas na mídia interna e externa. Nessas horas, os líderes mais experientes sabem que postura e comportamento adequados podem fazer toda a diferença.

A maioria das pessoas procura em um líder não um especialista, mas alguém em quem possam confiar. Se uma pessoa dá uma entrevista na televisão, por exemplo, sua família e conhecidos provavelmente prestarão mais atenção em sua aparência do que em seu discurso. Se perguntar a eles sobre o que falou, com certeza vão responder: "Não me lembro exatamente do que você falou, mas estava muito bem (ou parecia mais jovem etc.)". Quando ocupamos cargos de liderança, temos de prestar muita atenção ao que dizemos em público e também de nos lembrar de que somos julgados pela imagem que passamos. Por isso, preste atenção em sua aparência e em sua postura. Algumas sugestões que podem ajudar em momentos mais críticos:

1. Vista-se de maneira mais sóbria e elegante.
2. Ande e mova-se mais devagar. Andar muito depressa demonstra nervosismo.
3. Dê uma pausa antes de falar. Isso chama a atenção das pessoas para você e para o que vai dizer.
4. Olhe para todos com calma e sorria. Sorrir passa uma imagem de segurança e tranqüilidade.
5. Fale menos e seja objetivo.

: : Faça aquilo que você sempre quis fazer

Exercícios como o Teste da Atenção e o Desafio Columba ajudam a descobrir os bloqueios conscientes e inconscientes que atravancam nosso caminho. O que o impede de conseguir aquilo que mais quer? Ainda que não perceba, você mesmo pode estar criando o bloqueio.

> Ben Zander, o grande maestro da Orquestra Filarmônica de Boston, usa seu talento musical para mostrar os bloqueios que as pessoas costumam criar para si mesmas. Toca um trecho de alguma música conhecida ao piano, primeiro como uma criança de oito anos, depois como um adolescente, como um adulto e finalmente como um concertista. Em cada etapa, ele pára e diz: "Agora vem a parte difícil". Todos nós, independentemente de idade ou de experiência, dizemos em alguns momentos: "Agora vem a parte mais difícil".

A primeira tarefa é descobrir e reconhecer nossos bloqueios, aceitando o fato de que nós mesmos permitimos que existam. Ou será que preferimos viver com toda a dúvida e a insegurança que nos impuseram quando ainda éramos crianças? Criar coragem e identificar nossas dificuldades ajuda a eliminá-las e abre caminho para todos os sonhos e objetivos. Avalie os principais problemas em sua vida e quais hábitos precisa desenvolver para obter os resultados que deseja. O que pode ser mudado (para melhor)?

: : Superar as dificuldades

Nada como alguns momentos difíceis para testar nossa paciência e princípios. Tente se lembrar de suas reações nas situações mais complicadas. Costuma entrar em pânico e jogar a culpa em alguém? Ou enfrenta tudo de cabeça erguida e aprende com a experiência?

No regimento dos Pára-quedistas, responsabilidade e sensação de fazer parte de um grupo são qualidades essenciais. Um de seus lemas: "O cansaço nunca é tão grande quanto parece". E o da Escola Gordonstoun é bem parecido: "*Plus est en vous*" [Sempre há uma reserva de energia em nosso interior]. São idéias interessantes para utilizar nos momentos difíceis, quando nossas forças parecem estar acabando.

Quando eu estava com 40 anos, saí do regimento de Pára-quedistas e me alistei no Black Watch, o Regimento Real de mais de 240 anos, e me surpreendi com suas tradições e lealdade. Caloroso e cheio de humor, o relacionamento entre os oficiais, soldados e prestadores de serviços lembrava o de uma grande família.

A experiência nas Forças Armadas me ensinou quanta energia temos dentro de nós mesmo quando achamos que não há como seguir em frente. A capacidade de suportar esforços físicos ou mentais extremos traz uma sensação gratificante. Todo líder sabe o que é passar por situações que testam seus limites e, mesmo sem forças, ser forçado a superar todos os obstáculos e chegar à vitória. Esses são os momentos que definem quem realmente somos e, uma vez superados, dão-nos forças para atingir metas ainda mais distantes.

: : Desenvolva o hábito de se auto-avaliar

Se não nos perguntamos com freqüência "como está meu desempenho?" e "como posso melhorar?" os hábitos antigos acabam se restabelecendo. O dia-a-dia nos faz voltar automaticamente ao padrão de comportamento que tanto lutamos para modificar. Por isso, nosso código pessoal de valores acaba sendo uma ferramenta indispensável, pois leva a uma auto-avaliação e a mudanças periódicas. Assim, podemos acompanhar de perto nosso nível de desenvolvimento. Além disso, o hábito de fazer verificações de tempos em tempos pode se tornar um exemplo para as outras pessoas ou, no mínimo, dar-nos a chance de fazer a nós mesmos perguntas que os outros jamais teriam coragem de fazer.

: : Oito : :
Poder e responsabilidade

Poder e responsabilidade estão intrinsecamente ligados tanto no trabalho quanto fora dele.Todos temos certa dose de poder. Até mesmo um auxiliar iniciante pode escolher desempenhar bem ou mal seu trabalho, demonstrar boa ou má vontade em ajudar e desenvolver seu potencial ou simplesmente desperdiçá-lo.

À medida que subimos na escala hierárquica, nossa responsabilidade aumenta, assim como nosso poder. Passamos a ter responsabilidade sobre o trabalho de outras pessoas e também certa dose de poder sobre elas. Quanto maior o poder, maior a responsabilidade. Todo bom executivo sabe disso.

Poder equivale a influência e autoridade. Ser responsável é ter habilidade para reagir de maneira apropriada a todas as situações e responder por seus atos, ou seja, é o uso sensato e equilibrado do poder. Mas infelizmente muitas pessoas lutam para galgar posições, obter poder e privilégios, porém se esquecem das responsabilidades. Quando isso acontece, o resultado pode ser desastroso tanto para o indivíduo quanto para a organização.

Este capítulo trata do uso indevido do poder e da responsabilidade que temos em relação a nós mesmos e às pessoas. Você é um líder? Faça o Teste de Liderança e descubra se sabe realmente equilibrar o poder e a responsabilidade que os cargos mais altos exigem.

Nem todos estão destinados a ser líderes. Reconhecer o ponto em que devemos parar de subir na escala hierárquica é sinal de prudência e de que conseguimos tomar decisões acertadas. Nem todo gerente se torna um bom executivo. Os mais equilibrados identificam isso em si mesmos e nas outras pessoas.

: : O abuso de poder

Utilizar mal o poder que se tem nas mãos é deixar de cumprir responsabilidades para com os outros. E infelizmente isso é algo muito comum. Muitos chefes maltratam e ameaçam seus funcionários com olhares, tom de voz ou mesmo gritando e repreendendo a todos.

> Bárbara era editora de uma revista feminina. Dinâmica, carismática e muito segura de si, costumava entrar no prédio como se fosse um furacão dando ordens, fazendo reuniões, modificações e melhorias constantes na aparência e no estilo da revista. Recebia propostas constantes para trabalhar em outras editoras, pois todos reconheciam sua reputação e capacidade de aumentar os lucros e a circulação das revistas que editava.
>
> Tinha, porém, um lado que os editores não conheciam, apenas seus funcionários: era instável e intempestiva, às vezes terrível e às vezes encantadora. Ninguém conseguia prever como estaria seu humor no momento seguinte. Gritava com todos e, apesar de rirem dela pelas costas, ninguém ousava enfrentá-la. Um dia, disse a uma editora-assistente que tinha chegado atrasada: "Sabia que ninguém aqui

gosta de você?" Algumas horas depois, a convidou para almoçar. Todos na equipe já estavam procurando outro emprego. O brilho e a eficiência de Bárbara eram ofuscados por sua língua mordaz e seu humor instável.

Esse tipo de comportamento agride e desmoraliza a todos. Funcionários não podem gritar com chefes, mesmo que queiram. Por isso, todos os que ocupam cargos mais altos têm obrigação de respeitar quem trabalha sob sua chefia.

Equilíbrio e estabilidade emocional também são qualidades necessárias. Quem conhece sua posição e sabe o que esperar de seus líderes consegue relaxar e fazer bem seu trabalho. Já quem fica o tempo todo tentando prever o humor de seu chefe no momento seguinte está sempre tenso e impaciente.

Mas há ainda outra forma de abuso de poder: colocar seus interesses como chefe acima dos da equipe. E isso é algo que também vemos em toda parte. São pessoas que não se importam em destruir carreiras, famílias e estabilidade financeira de qualquer um em nome do dinheiro e do *status*. E em muitos casos esse tipo de atitude é encoberto pelas corporações para preservar sua imagem e evitar escândalos. Empresas falsas, caixas irregulares e concorrências ilegais são apenas alguns dos recursos utilizados por aqueles que abusam de seus cargos de poder. Permanecem idôneos perante os olhos da lei, mas prejudicam muitas pessoas e não parecem se sentir culpados.

É claro que muitos que cometem o erro de colocar seus interesses acima de tudo e de todos acabam reconhecendo suas falhas e corrigindo-as de uma maneira ou de outra. E isso sempre acaba fazendo bem. Quem passa por esse tipo de experiência sai mais fortalecido e consciente da responsabilidade que o poder envolve.

Integridade é como as árvores. Algumas se quebram com o vento, mas outras apenas se curvam e resistem à tempestade. Algumas das maiores personalidades da história sucumbiram às facilidades do mundo no início, mas aprenderam com a experiência e se tornaram figuras de grande valor. Pedro negou o Homem de Nazaré por três vezes e ainda assim se tornou o primeiro líder e a pedra fundamental da igreja cristã.

No início da Segunda Guerra Mundial, o general Neil Ritchie, do agrupamento Black Watch, foi substituído por Winston Churchill. Voltou a ser comandante oficial na Divisão Escocesa, onde continuou sua carreira de sucesso e conquistou a admiração de todos no comando por sua maneira corajosa e resoluta de transformar o fracasso em sucesso.

Poucos exemplos de que uma seqüência de fracassos pode se transformar em uma grande vitória são tão ilustrativos quanto este, de Abraham Lincoln:

Foi à falência nos negócios em 1831.
Foi derrotado em sua campanha para a Legislatura do Estado em 1832.
Criou outra empresa em 1833. A empresa faliu.
Sua noiva morreu em 1835.
Teve um esgotamento nervoso em 1836.
Lançou-se como candidato em 1843 para o Congresso mas não foi eleito.
Tentou novamente em 1848 mas também não foi eleito.
Tentou o Senado em 1855. Perdeu a eleição.
Candidatou-se à Vice-presidência no ano seguinte e mais uma vez não foi eleito.
Concorreu novamente ao senado em 1859 e perdeu a eleição.
Em 1860, foi finalmente eleito e se tornou o 16º Presidente dos Estados Unidos.

A diferença entre as maiores conquistas históricas e uma seqüência de derrotas é a perseverança.

: : Escada acima, Escada abaixo

Aqueles que abusam do poder ou o utilizam para beneficiar interesses próprios conhecem bem este princípio, ou seja, quando são promovidos a cargos mais altos do que sua capacidade permite, começam a agir de maneira arrogante e presunçosa para esconder sua insegurança. Resultado: acabam deixando ou fazendo com que as pessoas deixem a peteca cair.

O problema é que quase todas as empresas supõem que funcionários que desempenham muito bem suas funções são os melhores para ocupar cargos mais altos na escala hierárquica. Mas nem sempre isso é verdade. Um bom jornalista é um bom editor? Não necessariamente, pois os dois cargos exigem habilidades diferentes. Ser literalmente jogado em uma função com responsabilidades novas pode ser um grande erro. Um jornalista promovido a editor pode sentir falta de algumas atividades, como cobrir eventos e escrever matérias. Como editor, tem de tomar decisões sobre a equipe, lidar com orçamentos, campanhas de divulgação e outras atividades às quais não está acostumado.

Olhe ao seu redor dentro da empresa e com certeza vai encontrar várias pessoas nessa situação. Mas isso não significa necessariamente que tenham sido promovidas a cargos acima de seu nível de competência. Podem estar simplesmente se acostumando com sua nova função. É um momento em que se deve avançar com calma, fazer auto-avaliações periódicas e abrir a mente para novos aprendizados.

O diretor de uma grande empresa pública era conhecido por sua vaidade e egoísmo. Seu jeito esnobe irritava todos ao seu redor. Vivia cercado de mulheres e de bajuladores. Quando a empresa começou a ter dificuldades, ele nem sequer percebeu a gravidade da situação, tão limitada era sua visão. Continuou com suas atividades habituais, ignorando todos os sinais de perigo até o dia em que a empresa o demitiu em uma tentativa desesperada de recuperar todos os danos que ele havia causado. Só então, sem emprego e sem todas as regalias, começou a perceber seu erro.

: : Você está pronto para o poder?

Como saber se você está preparado para os desafios que acompanham o aumento de poder? Como saber se você tem o perfil de líder ou se é mais eficiente desempenhando tarefas sob a liderança de outras pessoas?

Nem todos têm as características necessárias à liderança. E nem todos sentem vontade ou mesmo necessidade de ter poder. Liderar tem suas vantagens, mas também envolve muita pressão. Muitos preferem não ter de lidar com tudo isso e têm consciência de que essa não é a vida que desejam ter.

Outros já se sentem atraídos pelos desafios e responsabilidades da liderança e vêem o aumento de poder como um objetivo a ser alcançado. Nem sempre é possível identificar quem será ou não um bom líder. Algumas características como ter raciocínio rápido e claro, manter a calma e a segurança diante de pressões, ter postura e presença marcantes servem como indicativo mas não são garantia de que alguém é um líder nato. Além disso, há aqueles que vêm de posições mais simples galgando postos e aqueles que não demonstram ter as características apropriadas no início mas acabam se revelando excelentes líderes.

Se você planeja ocupar um cargo de mais responsabilidade e poder ou se já tem um, as questões a seguir podem ser bastante úteis. Ajudam a identificar seus motivos para querer ser um líder e a avaliar se esta é a melhor carreira para você, embora as variáveis sejam diferentes para cada pessoa.

- Você consegue tomar com facilidade decisões finais após uma discussão em grupo?
- Consegue assumir perante um cliente o erro que alguém da equipe cometeu?
- Considera tomar decisões uma atividade estimulante?
- Consegue enfrentar com tranqüilidade uma tarefa difícil como demitir alguém que tem família para sustentar?
- Identifica e estimula o desenvolvimento do potencial das pessoas?
- Está preparado para desempenhar as tarefas que delega às pessoas?
- Usa sua posição de poder para beneficiar os outros dentro e fora da empresa?
- Consegue manter a noção de humildade independentemente de sua posição e poder?

Não é necessário ter as respostas corretas para todas as questões enunciadas. Mas parar para refletir sobre cada uma delas com honestidade e franqueza pode ajudá-lo a ter uma visão mais ampla de sua carreira de liderança e daquilo que é ou não apropriado para você.

: : Exercício: Seguir pela Esquerda ou pela Direita?

Tomar decisões e, principalmente, mantê-las é uma questão crucial quando se fala de liderança.

Pergunte a si mesmo qual caminho costuma seguir quando tem de decidir sobre alguma coisa. É um exercício bastante útil para aqueles que ocupam ou desejam ocupar cargos de liderança.

:: O caminho da esquerda

É sempre o caminho que chama mais a atenção e parece mais fácil. Podemos até ter motivos plausíveis para justificar esta escolha e prever resultados positivos. Mas são sempre em curto prazo, eficazes no início e sem grandes expectativas de futuro. Se pararmos para pensar, é um caminho que sempre leva a arrependimentos, destruição e desilusões. Pode causar boa impressão e trazer méritos imediatos, mas jamais estabilidade e sucesso duradouros.

:: O caminho da direita

É sempre o caminho mais difícil e lento no início. Exige esforço e não atrai a atenção. Mas é com certeza o que traz mais recompensas e resultados a longo prazo. Escolher este caminho é sinônimo de benefícios, de superar a necessidade de reconhecimento imediato e de perseverança.

:: O caminho certo

Quantas vezes escolhemos o caminho da esquerda e tentamos nos convencer de que foi a escolha certa? É como cobrir uma ferida sem limpá-la antes. Pode parecer que está cicatrizando no início mas vai gerar uma infecção.

Você está preparado para tomar as decisões certas? Elas não trazem reconhecimento e sucesso imediatos, mas são a garantia de uma carreira sólida. Se sente que está preparado para isso, é porque tem as características de um líder.

A história da gigante Enron, nos Estados Unidos, é um bom exemplo de escolha do caminho mais fácil. A diretoria aceitou um acordo que iria gerar lucros imediatos, mas que não seriam divididos entre os acionistas. Os auditores se envolveram e concordaram com a decisão. O resultado dessa atitude desonesta foi que 60 mil pessoas perderam o direito à pensão e ao sustento de sua família. A decisão correta? Fazer negócios com total honestidade e avaliar as implicações de qualquer acordo, tendo sempre em mente o bem-estar dos funcionários e da empresa como um todo.

:: O momento de liderança

Este é o ponto no qual as pessoas que assumem posições de liderança e autoridade percebem mais nitidamente não só o nível de responsabilidade inerente às novas funções mas também o desafio que as espera. Quem escolhe liderar começa a ver as coisas sob um prisma diferente. A nova realidade pode se apresentar, para alguns, sob a forma de percepções mais abrangentes, tomada de decisões e mudanças ousadas. Para alguns, o momento de liderança vai manifestar-se gradualmente, enquanto para outras pode representar uma mudança radical e imediata.

Quem vivencia um momento de liderança percebe que tem capacidade para administrar o poder que tem em mãos. Todos os grandes líderes passam por um momento assim, e isso acaba definindo seu estilo. Com o passar do tempo outros momentos de grandes decisões podem surgir, mas o primeiro é sempre o de maior impacto; fica gravado na mente e é o mais importante na formação do estilo de liderança de cada um.

O novo presidente de uma organização internacional logo percebeu a diferença de salário entre o diretor executivo e os demais membros da equipe. O pacote de benefícios deste CEO era desproporcional até mesmo quando comparado ao de outras empresas. Contudo ele havia se acomodado e não percebia que sua atitude prejudicava tanto a empresa quanto sua própria imagem.

O novo presidente resolveu então fazer uma averiguação, mas o CEO solicitou uma reunião com os membros da diretoria, pedindo que o apoiassem. Isto causou ainda mais problemas e desconfiança entre eles.

Então, finalmente, ele reconheceu que alguns benefícios como carro da empresa e todas as despesas pagas não eram compatíveis com sua posição. Tomou coragem e renunciou aos benefícios excedentes, transformando-os em um pacote mais simples que beneficiaria a todos. O resultado foi a recuperação dos níveis de confiança e de união por meio do exemplo. O CEO e o presidente estabeleceram uma sólida aliança, o que por sua vez gerou um crescimento da empresa nos níveis mais altos do mercado, tanto externa quanto internamente.

Ao anunciar que abdicaria de seu pacote de benefícios, o CEO teve seu primeiro, verdadeiro e maior momento de liderança. Sempre fora um executivo eficiente e desenvolvia bem suas funções, mas o fato de ser admirado por seus colegas e de ter uma posição de "destaque" dentro e fora da empresa acabou influenciando seu comportamento. Aos poucos tinha se distanciado de seus objetivos, perdendo a noção da responsabilidade da liderança. Por sorte, reconheceu em tempo o seu erro. Ao admitir e corrigir a situação de maneira aberta, honesta e humilde acabou se tornando uma referência como profissional e beneficiando a empresa.

Os jogadores norte-americanos de beisebol têm uma expressão que acredito ser bem adequada: "chegar perto da taça". É o momento em que estão em vantagem no turno. Pode ser uma experiência momentânea, mas explica a ansiedade e a alegria de um jogador que, representando o seu time, recebe em mãos a taça do campeonato. Pode ser comparada ao momento em que um líder conclui um projeto importante dentro da empresa. Outro exemplo é o de um pódio ou de um palco, quando os holofotes se acendem, pegamos o microfone e a platéia faz silêncio, esperando para ouvir o que temos a dizer.

> O diretor-geral de uma grande universidade foi acusado de tomar atitudes irregulares.
> Convocou-se uma reunião extraordinária e toda as provas apresentadas indicavam que ele era realmente culpado. A reputação da universidade estava abalada. Funcionários e alunos começaram a questionar a diretoria, o que chamou a atenção da mídia. Providências urgentes foram tomadas para a substituição do diretor-geral e de seus assistentes. Os membros da diretoria estavam conscientes de suas responsabilidades perante a imagem da instituição naquele momento e também no futuro.
> Chegou então um momento crítico para todos os membros: encontrar a melhor solução e definir quem seria o líder mais capacitado a assumir a diretoria-geral. Mas todos demonstraram muita clareza e coragem mesmo nas reuniões mais tumultuadas, o que mostrou sua união e eficiência. A experiência uniu ainda mais o grupo. Pessoas que passam juntas por uma situação de perigo ou de grandes dificuldades acabam desenvolvendo mais lealdade e camaradagem.
> A instituição levou mais de três anos para se recuperar do incidente. O novo diretor-geral admitiu que foi a fase mais difícil de sua carreira, mas também a de maiores desafios e satisfação, que ensinou muito a todos no grupo.
> Todos poderiam ter se demitido quando a situação ficou mais difícil. Mas pararam para pensar e reconheceram que era o momento de "virar o jogo e lutar pela taça".

Quando o time de rúgbi British Lions voltou, vitorioso, do jogo contra os All Blacks na Nova Zelândia em 1972, a universidade de Cambridge rendeu homenagem ao capitão John Dawes. Eu era estudante da universidade na época e fazia parte do time. Os métodos de treinamento de John, baseados nos do incomparável doutor Carwyn James, levaram-nos além dos limites. Os All Blacks iriam à Inglaterra naquela semana e disputariam um amistoso contra nós em Cambridge na quarta-feira antes do jogo internacional contra o time de Wales em Cardiff no sábado. Mesmo tendo alguns jogadores internacionais em nosso time, considerávamos aquele jogo como o mais importante da temporada.

John Dawes reuniu todos no vestiário após o treinamento na segunda e na terça-feira. Na primeira reunião, ficamos todos em silêncio quando ele fechou a porta. Caminhou pela sala, pensativo, virou-se então em nossa direção e disse: "Aquele que tiver qualquer dúvida se deve ou não jogar contra os All Blacks, abra a porta e se retire neste momento. Ainda há tempo". A atmosfera na sala foi tão eletrizante que só me lembro de ter sentido novamente esta sensação quando fiz meu primeiro salto de pára-quedas no regimento do Exército.

O que o treinador fez naquele momento foi uma perfeita demonstração de liderança. Seu tom de voz, sua maneira de falar e as palavras que usou nos uniram e conscientizaram imediatamente do desafio que tínhamos pela frente. Foi o jogo mais difícil de que participamos, mas também o que nos deu mais satisfação e glórias.

Momento de liderança como esse são os que trazem à tona o melhor de nós e de nossa equipe. Todos conhecemos histórias e exemplos de líderes que lutaram nos piores momentos com muita energia, inspiração e determinação. Um deles é o do ator Russell Crowe, que ganhou o Oscar interpretando a personagem Maximus no filme *Gladiador* e foi mundialmente aclamado. E também o de Mel Gibson, como William Wallace em *Coração valente,* e de Liam Neeson como Rob Roy McGregor.

A jovem enfermeira Florence Nightingale precisou de muita coragem e espírito de renúncia para alertar as autoridades sobre as condições desumanas da Guerra da Criméia na metade do século 19, mas isso a transformou na fundadora da enfermagem como profissão.

Também não foi por acaso que senhor Winston Churchill foi eleito pelo público como o maior cidadão inglês do milênio após seu exemplo de liderança durante a Segunda Guerra Mundial. E quanto ao aclamado Presidente da República Sul-Africana, Nelson Mandela? Os exemplos de coragem e equilíbrio dessas pessoas foram tão marcantes que seu estilo de liderança mudou o curso da história. Todos os que exercem cargos de responsabilidade hoje podem aprender com as lições de integridade e perseverança desses heróis.

: : Visão e missão

Para atingir metas como líder e superá-las, mostrar o caminho certo às pessoas e resistir nos momentos mais difíceis é preciso ter perseverança, noção de objetivos e uma clara visão da missão a ser cumprida. No passado, o conceito de liderança era associado ao dos heróis: aqueles que lutavam estabeleciam novas regras e missões para a humanidade e tinham monumentos construídos em sua homenagem. Mas essa definição não se encaixa exatamente no perfil dos líderes de hoje. Os seguidores desses grandes heróis ficariam desesperados se vivessem neste século e vissem todas as mudanças que já ocorreram. Na era atual, o líder é aquele dotado de coragem e inspiração suficientes para estabelecer uma missão e cumpri-la. Assim, a visão se torna maior que o visionário e o trabalho se torna maior que a herança, ou seja, ele jamais termina.

: : Exercício: o Teste da Missão

Retire-se para algum lugar afastado do barulho e da correria e responda à seguinte pergunta: “Qual é a missão de minha vida?”

Tente responder usando no máximo dez frases e em seguida faça alguma coisa ativa porém contemplativa como uma caminhada, por exemplo. Volte algumas horas depois ou na manhã seguinte e tente reduzir as dez frases para três que sejam realmente importantes. O objetivo é ir reduzindo as frases até chegar a, no máximo, dez palavras.

É um exercício muito útil tanto em termos de trabalho quanto pessoais. Ajuda também a identificar a maneira como você deseja ser visto pelas pessoas.

: : Assumir responsabilidades

Pessoas que ocupam cargos mais altos têm dois tipos de responsabilidade: para consigo mesmas e para com os outros. As duas são importantes.

: : Responsabilidade para consigo mesmo

Quem ocupa posições de poder e autoridade e não assume a responsabilidade por si mesmo não consegue assumir responsabilidade por outras pessoas. É um pré-requisito para quem deseja ser um bom líder e envolve:

- Ser honesto para consigo mesmo.
- Admitir e corrigir os próprios erros.
- Cuidar bem de sua saúde física e mental.
- Manter o equilíbrio entre trabalho e vida pessoal.
- Pedir ajuda quando necessário.
- Reconhecer suas próprias qualidades e fraquezas.
- Fazer auto-avaliações com freqüência.
- Não ultrapassar seus limites físicos quando doente, cansado ou sob estresse.

- ➲ Ter alguém fora da empresa em quem possa confiar e desabafar sobre dificuldades e pressões.
- ➲ Considerar seu cargo como algo mais do que um simples conjunto de salário e benefícios.

: : Responsabilidade para com os outros

Ter responsabilidade para consigo é sinônimo de eficiência e capacidade de entender as necessidades daqueles ao seu redor. Pessoas sob chefia de alguém responsável sempre lhe pedem sugestões e seguem seu exemplo. Este tipo de responsabilidade envolve:

- ➲ Jamais se considerar especial ou superior e lembrar-se de que todos são indispensáveis.
- ➲ Ser capaz de desempenhar as tarefas delegadas aos outros (e demonstrar isso).
- ➲ Dividir as vitórias e os lucros com todos.
- ➲ Perceber se algum funcionário encontra-se doente ou com dificuldades.
- ➲ Tratar a todos com respeito.
- ➲ Ouvir o que têm a dizer.
- ➲ Incentivar os funcionários a se sentirem bem com aquilo que fazem e reconhecer seus talentos e habilidades.
- ➲ Delegar responsabilidades e confiar nas pessoas.
- ➲ Criar uma atmosfera de trabalho positiva.
- ➲ Incentivar os funcionários a desenvolver atividades fora do trabalho e a não ficar no escritório horas a mais sem necessidade.

Essas responsabilidades são a base de uma boa liderança e, se bem administradas, resultam em relacionamentos de respeito mútuo, em aumento de produtividade e no sucesso da empresa.

: : Os olhos dizem tudo

Aprender a escolher as pessoas certas para cada tarefa dentro da empresa é parte da responsabilidade de um líder. Mas como saber em quem se pode confiar ou não?

Há algum tempo fui convidado a fazer uma palestra em uma colação de grau em uma universidade nos Estados Unidos. O convite incluía também uma preleção para os alunos antes da cerimônia. Após dizer algumas palavras, fiz uma sessão de perguntas e respostas. Um dos alunos me perguntou ao final: "Senhor Norman, que conselho nos daria agora que estamos terminando nosso curso?" Pensei por um instante, respirei profundamente e disse: "Quanto mais eu vivo mais velho fico porém, mais experiência adquiro. E com mais clareza vejo que nosso corpo físico é simplesmente uma casca se comparado à individualidade e ao imenso potencial de nosso espírito e de nossa personalidade. Somente quando trabalhamos com mente e o coração unidos é que passamos a desfrutar plenamente a vida e passamos a utilizar todas as habilidades, percepção e intuição inatas em nosso ser".

Então uma outra frase me veio à mente: "Os olhos dizem tudo. Se tivesse de dar um conselho para a vida toda, diria que quando conhecemos alguém podemos nos sentir atraídos por sua aparência ou por sua postura. Mas somente quando olhamos diretamente nos olhos dessa pessoa é que a conhecemos melhor, percebemos quais são suas origens e seu potencial".

Sempre digo isso em meus treinamentos. Quando conhecer alguém, em vez de observar sua aparência, olhe bem em seus olhos. Se demonstrarem confiança e clareza, você está diante de alguém em quem pode confiar. Quando se olham diretamente nos olhos, as pessoas se entendem melhor, trabalham melhor e produzem mais em equipe.

: : E agora, o que fazer?

Liderar é uma carreira solo, todos sabem disso. Muitos líderes não têm a quem pedir conselhos ou orientação quanto ao melhor caminho a seguir, muito pelo contrário. Seus funcionários é que esperam sua orientação mesmo quando os objetivos das situações ainda não estão muito claros.

Em momentos como este é que os líderes têm de utilizar todo o seu potencial, confiar em sua capacidade de avaliar e ir até o fim mesmo sem ter certeza de terem tomado a decisão mais correta. Um bom líder avalia todas as possibilidades e pede conselhos quando tem com quem contar. Mas uma vez tomada a decisão, deve seguir em frente sem pestanejar.

> Quando assumi, aos 32 anos, a diretoria geral de um colégio, o diretor que ocupava o cargo antes de mim tinha o dobro de minha idade! Estava para se aposentar mas queria acompanhar a nova diretoria até que tudo estivesse em ordem. Era muito aplicado, cortês e ajudava a solucionar todos os problemas que tínhamos. Mas quando deparei com o maior evento anual, que envolvia todos os alunos, percebi que não estava preparado para todas as situações que meu cargo exigia. Pedi então a ele que me ajudasse a solucionar algumas dúvidas que tinha.
>
> "O que fazemos nesse caso? O que o senhor me aconselha?", perguntei. Ele me apresentou algumas possibilidades. Ainda inseguro, insisti: "Mas o que devo fazer, afinal?"
>
> Ele se levantou e disse: "A decisão é sua. Tenho de dar uma aula de inglês agora." E saiu da sala, deixando a tarefa e a lição em minhas mãos.

Jamais esqueci essa experiência, que me ajudou muito na época e também mais tarde, quando comecei a dar treinamentos. Costumo contar essa história a todos os que assumem cargos de liderança pela primeira vez, pois podem ser pegos de surpresa a qualquer momento. E quando dou palestras sobre o assunto, os mais experientes na platéia sempre sorriem e concordam. Na primeira vez que defrontamos com uma situação que nos faz perguntar "e agora?", percebemos que a decisão e a responsabilidade estão totalmente em nossas mãos. A sensação de solidão e vulnerabilidade nesse momento é imensa.

Todos os nossos valores e autoconhecimento vêm então à tona. Mas se você costuma se auto-avaliar, perguntar a si mesmo quem você é e, por que tem esse estilo de vida e de trabalho e o que deseja fazer no futuro, poderá ver a situação sob um prisma diferente e enfrentar mais facilmente o desafio. Será então capaz de aceitar o medo e a dúvida como qualquer ser humano e seguir em frente com confiança em si mesmo e tomar decisões com mais segurança.

: : Tente enxergar além das aparências

Um bom líder jamais aceita as coisas da maneira como elas se apresentam à primeira vista. Analisa tudo com detalhes para ter uma visão mais clara da situação. Não se pode tomar decisões em uma reunião sem saber o que realmente acontece, qual é a opinião das pessoas e quem está envolvido na questão.

Aprendi isso quando trabalhei na diretoria da BBC escocesa. Tinha de participar das reuniões mensais em Londres e levei algum tempo para entender como eles trabalhavam. Apresentavam-me sempre o produto final de alguma negociação sem detalhes do processo, o que me deixava um tanto confuso. Percebia que todo um trabalho havia sido feito antes. Comecei então a ir para Londres um dia antes das reuniões para tentar descobrir os detalhes de cada acordo. Falava com os gerentes e avaliava os problemas que eles me apresentavam. Com isso, conseguia contribuir muito mais para as reuniões e para a tomada de decisões. Ouvir as pessoas e ajudá-las a encontrar soluções para suas dificuldades faz toda a diferença em termos de resultados.

: : Confie mais em si mesmo

O poder exerce grande fascínio sobre as pessoas, que lutam muito para obtê-lo. Não há problema em se desejar o poder desde que se tenha capacidade para assumir as responsabilidades que ele traz.

Se você se conhece bem a ponto de saber quais são seus pontos fracos e seus pontos fortes, não há o que temer. Saberá enfrentar todos os desafios com coragem, pedir ajuda quando necessário e dividir o sucesso com as outras pessoas.

Trabalhar como membro de sua equipe é vital. Você pode ser o líder, mas cada uma das pessoas sob sua responsabilidade é importante e precisa saber disso. Como não se pode ser especialista em todas as áreas, é preciso delegar as tarefas a quem possa desempenhá-las da melhor maneira, de acordo com suas habilidades e experiência. Ter coragem de admitir que não sabe tudo é a principal característica daquele que conhece bem a si mesmo.

Os verdadeiros líderes se concentram naquilo que pode ser modificado e melhorado sem desperdiçar muito tempo com o que não pode ser feito. Usam seu tempo de maneira eficiente e compreendem que ter poder só se justifica quando somos capazes de beneficiar pessoas.

: : Nove : :
O segredo está nas coisas mais simples

O poder da simplicidade é algo que não se pode ignorar. As invenções mais inteligentes são também as mais simples. Mas infelizmente temos o hábito de complicar tudo com burocracia, papelada e reuniões em excesso. Tudo isso cansa, sobrecarrega e frustra. Não há necessidade de complicarmos as coisas. Por sorte, simplificar a vida é mais fácil do que se pode imaginar. Basta desenvolver a habilidade de ver as coisas como elas realmente são e tratar de cada aspecto de maneira direta e com sensibilidade. É disso que trata este capítulo, como se pode aprender a ver além das decisões imediatas e das metas difíceis para obter os resultados mais simples, claros e objetivos.

Tratar das coisas com simplicidade é o primeiro passo quando precisamos olhar para dentro para melhorar o que está ao nosso redor. Quando conhecemos melhor a nós mesmos, a vida se torna automaticamente mais simples. Tomamos decisões com mais facilidade, passamos a ver nossas metas com mais clareza e a viver de acordo com nossos próprios valores. A maioria de meus clientes, principalmente os das empresas privadas, sente sua criatividade reprimida e até mesmo bloqueada pelo excesso de burocracia e de processos desnecessários. Meu trabalho, nesses casos, é agilizar e simplificar sua rotina diária para que se sintam menos sobrecarregados. Isso costuma lhes trazer um grande alívio.

> O pastor de uma grande igreja escocesa estava para iniciar um culto de domingo quando viu sobre o púlpito um bilhete de sua esposa com a mensagem *KISS* [beijo, em inglês]. Ficou muito contente com a demonstração de afeto e, inspirado, fez um sermão ainda mais longo que o de costume. Falou sobre o amor e suas diversas formas durante tanto tempo que as pessoas começaram a bocejar e a cochilar.
>
> Quando terminou, foi falar com ela, ansioso para ver sua reação. "Você viu meu bilhete?", ela perguntou. "Vi sim", ele respondeu. "Obrigado, amor. Foi muito bom ler aquilo". A resposta veio como um raio: "É, foi tão bom que você nem entendeu. Era '*Keep It Simple, Stupid!*'" [Vá direto ao ponto, seu besta!]

Apesar de não ter animado muito o pastor, a resposta da esposa representa um conceito importante que podemos aplicar em qualquer situação.

Você se sente perdido em sua própria burocracia? Nunca consegue terminar aquela infinita lista de tarefas? Seu nível de adrenalina sobe mais com as atribulações do dia-a-dia do que com cafeína? Então está na hora de aprender a simplificar para manter a saúde e a sanidade.

Se acha que sua vida está complicada demais, você não é o único. A burocracia e a ênfase nos processos se tornaram uma epidemia nos dois lados do Atlântico, principalmente no setor público. Processos repetitivos, complexidade excessiva e obstáculos que dificultam a tomada de decisões deixam todos malucos em várias partes do mundo. Se uma enquete fosse realizada hoje nos Estados Unidos e na Grã-Bretanha, os principais problemas de trabalho apontados pelos executivos seriam a distração e o desgaste causados pelo excesso de burocracia.

Como costuma dizer Charles Handy, o guru internacional da administração, "hoje trabalhamos muito mais sem sair do mesmo lugar". Durante uma palestra, ele explicou que a "necessidade" de bens de consumo do mundo moderno é um sintoma de nossa vida complicada:

> *Chindogu* é uma palavra japonesa que significa coisas desnecessárias, supérfluas. Meus exemplos prediletos são os limpadores de água (como os pára-brisa dos carros) de lentes de óculos para quando se está na chuva. Mas não precisamos ir tão longe. Eu mesmo tenho muito mais gravatas do que preciso e dezenas livros que jamais lerei. Os shopping centers são o paraíso das coisas supérfluas. O Natal também se tornou um festival *chindogu*.
>
> Quanto mais velho fico, menos necessidade sinto dessa terapia de ofertas. Já tenho coisas demais. Como avaliar o preço do ar que se respira? E o da beleza, da paz do silêncio ou daquilo que Adam Smith, o filósofo escocês, definia como cultura e refinamento? W. Edwards Deming, o homem que ensinou os japoneses a valorizar a qualidade, costumava dizer que 90 por cento de tudo o que é mais importante em uma empresa não pode ser quantificado.

Considero isto muito importante. Quanto mais "coisas" supérfluas e desnecessárias temos, mais complicada nossa vida se torna. E isso vale tanto para os indivíduos quanto para as empresas. Excesso de reuniões, arquivos, relatórios e papelada impedem que se produzam resultados simples e claros. Simplificar significa eliminar excessos, elementos que podem distrair e tirar o foco dos objetivos e todas as regras e rituais sem sentido, concentrando-se no que é realmente importante e que pode fazer diferença.

:: A culpa é da cultura

Mas por que as organizações complicam tanto as coisas? O principal motivo é que muitas pessoas em cargos mais altos não confiam em si mesmas e no talento que as levou às posições que ocupam. Além disso, o medo do que os outros possam pensar e de sua reação diante de decisões mais drásticas as paralisa. Tudo acontece a passos lentos, pois cada detalhe tem de passar por um complexo sistema de verificação e avaliações com aprovações assinadas, cópias para diversos departamentos, carimbos e mais verificações.

Vivemos em uma cultura de reclamações e culpa, o que complica e paralisa a maioria dos processos. Todos têm medo de ser acusados, demitidos ou processados por eventuais erros. Isso impede a iniciativa, a liderança e a capacidade de tomar decisões, substituindo-as por excessiva precaução, verificação e distorção.

Por exemplo: presidentes de organizações governamentais ou daquilo que no Reino Unido se chama *quasi-autonomous non-governmental organisation* – quango [organizações semi-autônomas não-governamentais] têm autonomia restrita quando se trata de tomar grandes decisões ou adotar posições mais radicais. Antigamente, quando não existia tanta burocracia, esses líderes simplesmente decidiam o que seria feito e tudo transcorria de maneira mais rápida e simples. Mas, hoje, o medo de conseqüências negativas e de acusações impedem os diretores e responsáveis por instituições, universidades, igrejas, hospitais etc. de tomar decisões mais drásticas. Cada projeto tem de ser avaliado por uma comissão, o que gera uma grande quantidade de relatórios e documentos (normalmente não lidos) para avaliar e verificar se a proposta apresentada é válida ou, pior ainda, para declarar que ela não procede e arquivar o processo. Essa tendência de delegar decisões a comitês, aguardar procedimentos e lidar com toda a burocracia, lentidão e indecisão pode assumir proporções incalculáveis em termos de carreira e de objetivos de trabalho.

: : Pare e pense

Muitos de meus clientes reclamam do excesso de burocracia em seu trabalho, que os desanima e exaure. Em vez de utilizar suas habilidades para contribuir com a empresa em que trabalham, passam grande parte de seu tempo avaliando papéis e em reuniões com outras pessoas para tomar qualquer decisão.

Não é de se surpreender que tantos homens e mulheres em posições de responsabilidade procurem aconselhamento e treinamento, pois em um ambiente mais tranqüilo e confidencial conseguem relaxar e desabafar sobre toda a pressão que sofrem. Isso lhes permite avaliar a situação sob uma perspectiva diferente e ver com mais clareza o melhor caminho a seguir.

Um cliente suíço que tive passou a utilizar o que chamava de "músculos internos" após algumas sessões. Dizia que se sentia de volta ao "fluxo da vida", aproveitando o momento presente sem tentar lutar ou modificar as circunstâncias ao seu redor. Aceitar aquilo que não podemos mudar é o segredo da simplicidade. A energia que desperdiçamos tentando fazer mudanças impossíveis pode ser muito mais bem utilizada para mudar o que pode ser mudado.

Aconselhamento e treinamento podem ajudar as pessoas a parar e a pensar sobre as exigências e pressões de seu ambiente de trabalho e a avaliar tudo com mais tranqüilidade. Isso é vital quando se trata de tomar decisões e fazer modificações positivas.

Um agrimensor de sucesso, dotado de grande intelecto e muito respeitado em sua área se sentia frustrado e desanimado com seu trabalho, ligado a empresas e órgãos governamentais muito burocráticos. Tinha de preencher dezenas de papéis e revisar várias vezes cada projeto. Não conseguia mais conviver com todo esse processo, que afetava cada vez mais a qualidade de seu trabalho e o relacionamento com vários funcionários com quem interagia em todo o país. Ele veio então me procurar, pois queria encontrar uma maneira de suportar ou de aprender a aceitar tanta burocracia sem se aborrecer.

Conversamos então sobre a possibilidade de simplificar todos os aspectos de sua vida. Como ele gostava de golfe, decidiu começar por sua maneira de jogar. Qual é a base do sucesso no golfe? Fazer jogadas simples.

Partiu então para sua mesa de desenho. Concentrou-se em tudo o que era mais simples e direto. Deixou de lado projetos sem sentido e clientes que não conseguia mais atender. Diminuiu também a papelada em seu escritório e o número de páginas de cada relatório, apresentando os projetos no formato de tópicos, realçando as informações mais importantes. Todos os seus funcionários receberam treinamento para atuar de maneira mais simples e eficaz, recebendo e passando informações sem excesso de burocracia e de análise.

O agrimensor recobrou a paixão por seu trabalho e começou a atrair clientes com quem podia trabalhar de maneira mais simples e direta.

O que este profissional fez foi parar e pensar sobre os aspectos de seu trabalho que mais o incomodavam e sobre o que poderia ser modificado. Sugeri a ele algo que costumo sugerir a todos os meus clientes: a Avaliação de Sexta-feira. É uma técnica bastante simples, mas que já foi adotada em diversas empresas, em todos os níveis hierárquicos.

: : A Avaliação de Sexta-Feira

É simples: escolha uma sexta-feira do mês e passe a tarde em um local tranqüilo, como uma lanchonete ou qualquer outro de sua preferência, longe de toda a pressão e correria do escritório. Pegue uma xícara de café, uma caneta e um papel e responda a estas perguntas: o que precisa ser revisto? O que pode ser modificado? O que está e o que não está dando certo? Relaxe então por alguns minutos e deixe a mente vagar. Procure avaliar suas respostas e estabelecer prioridades.

: : Revisão Geral

Para completar a tarde e a xícara de café, nada melhor do que esta revisão. É um complemento da Avaliação de Sexta-Feira, que ajuda a organizar melhor os pensamentos.

Padrões

Você estabelece padrões coerentes em sua empresa? Sente-se bem com relação a eles? Poderiam ser melhorados ou modificados? Os funcionários os entendem e trabalham de acordo com eles? Não faz sentido manter padrões que ninguém segue.

Revisão

Qual é a situação real de seu trabalho? Qual foi a última vez que fez uma auto-análise ou recebeu uma avaliação honesta? Sente que está progredindo e ajudando sua empresa a crescer? O que mais o preocupa e o que pode ser feito a respeito?

Sem culpa

Culpar as pessoas faz parte da cultura de sua organização? E quais prejuízos resultam disso? Você costuma culpar os outros em vez de assumir a responsabilidade? O que pode fazer para que isso mude?

Coragem

Quais são os maiores problemas a serem resolvidos em seu trabalho? O que está dificultando esse processo? Pensando com calma e mais friamente, que soluções consegue imaginar? Você tem coragem de seguir suas próprias idéias e convicções? E de se tornar um exemplo para as pessoas?

Repreensão x Gentileza

Ambas são necessárias, embora em situações diferentes. Você sabe equilibrar os dois extremos? Ou acaba sempre usando uma mais do que a outra? Consegue repreender um funcionário sem desmoralizá-lo, incentivando-o a corrigir seus erros? Sabe ser gentil no momento certo?

Você

Deixei este item para o final de propósito. Você sente a influência de suas ações no resultado das atividades e projetos de seu trabalho e de sua vida pessoal? Como está sua vida neste momento? Qual foi a última vez que parou para pensar e revisar sua missão e sua vida como um todo? Esta última avaliação ainda se encaixa na missão corporativa e no ritmo de crescimento de sua empresa?

: : Os benefícios

A Avaliação de Sexta-Feira e a Revisão Geral nos ajudam a simplificar a vida e a vê-la sob um aspecto diferente. É também uma pausa para aliviar o desânimo e a vontade de desistir, transformando-os em energia e entusiasmo em relação a nossos projetos e atividades.

Vários de meus clientes que adotaram essas formas de avaliação dizem ter obtido bons resultados e aumento de eficiência. E muitos líderes, gerentes e diretores de empresa mais criativos também já perceberam que isso ajuda muito seus funcionários e adotaram a prática como padrão.

Costumo sugerir a meus clientes que, após o café e a revisão, deixem de lado os pensamentos de trabalho e façam algo diferente como pegar as crianças na escola, praticar esportes ou mesmo uma caminhada. Pelo menos uma vez por mês, seja gentil consigo mesmo e tente começar seu final de semana mais cedo para passar mais tempo com sua família ou amigos. Assim a Avaliação de Sexta-Feira pode se transformar em uma atividade muito agradável e ajudar a recarregar as baterias para começar a segunda-feira com mais entusiasmo e a mente mais clara.

Anne foi nomeada para liderar uma comissão dentro de um departamento do governo, que iria fazer modificações legislativas. Estava muito entusiasmada com a tarefa e esperava que as mudanças acontecessem logo e melhorassem as leis. Mas, depois de quatro meses, a quantidade de burocracia e obstáculos que encontrava a cada passo começou a enfurecê-la. Sentia-se como se estivesse caminhando em meio à neblina densa, sem saber direito que rumo tomar. Além disso, o ambiente de trabalho era tenso e carregado, com muita maledicência e oportunismo em toda parte.

Começou então a fazer Avaliações de Sexta-Feira e a dedicar mais tempo a si mesma para se distanciar um pouco dos problemas. Descobriu que, após uma hora de caminhada à beira do rio e tomando café com tranqüilidade em uma lanchonete, sentia-se humana novamente. Conseguia pensar com mais clareza sobre o que deveria ser modificado, e depois ia pegar a filha na escola para passar uma noite tranqüila com ela.

Com base nas decisões que tomava nesses momentos mais tranqüilos, passou a fazer algumas modificações em seu trabalho. Conseguiu diminuir a tensão na equipe e incentivar os que mostravam desejo de melhorar. Pediu a todos que viessem falar diretamente com ela quando precisassem de ajuda em vez de recorrer a toda a burocracia do escritório, e também que se comunicassem em vez de ficar trocando e-mails e relatórios desnecessários. O ambiente de trabalho melhorou muito e Anne recobrou o entusiasmo pelo projeto, que resultou em sugestões coerentes e eficazes para as mudanças na legislação.

: : Diminua os excessos

Se você deseja simplificar a rotina de trabalho em um departamento ou empresa, seja ela de pequeno ou grande porte, o segredo está em diminuir alguns excessos e desperdícios bastante comuns como o de papel, energia e tempo. Seguem dez sugestões para organizar seu departamento:

: : 1. Seja organizado

É a primeira regra quando se deseja simplificar o trabalho. Um espaço bem organizado permite desempenhar qualquer tarefa com o mínimo de tempo e esforço. É incrível que muitas empresas não tenham coisas básicas como arquivos, gavetas ou armários para documentos. Uma agenda bem organizada também ajuda a ver claramente todos os compromissos e a calcular e a utilizar da melhor maneira o tempo entre eles. Além disso, pessoas que organizam sua vida começam a pensar com mais clareza.

: : 2. Reduza a quantidade de papel

Documentos claros e objetivos são muito mais eficazes do que os longos e cheios de protocolo. Faça então como o agrimensor, estabelecendo um limite de páginas para os relatórios e outros documentos. Incentive os funcionários a evitar comunicações e burocracia desnecessárias.

: : 3. Evite o excesso de *e-mails*

O advento do *e-mail*, criado para diminuir viagens e telefonemas, só fez aumentar nosso volume de trabalho. Muitas mensagens acabam desperdiçando tempo e esforço sem produzir resultados, especialmente quando se recebe cerca de 150 por dia (o que acontece com a maioria das pessoas) e não se tem tempo para ler todas. Muitas delas seriam mais eficazes se resumidas a algumas palavras.

: : 4. Diminua o número de viagens

Muitas vezes, devido ao grande volume e ritmo das atividades e à falta de tempo para resolver questões com mais calma, várias viagens são feitas a um mesmo lugar quando apenas uma bastaria se houvesse um planejamento adequado. Esse excesso de viagens só beneficia empresas aéreas.

: : 5. Reduza o número de reuniões

Nada consome mais tempo de trabalho do que reuniões desnecessárias. O presidente de uma empresa de investimentos, sobrecarregado pelo volume de trabalho, procurou um especialista de minha área e, seguindo seu conselho, decidiu participar apenas das reuniões mais importantes. Sua agenda, nos meses anteriores, mostrava mais de 30 reuniões fora da empresa. Mas nas semanas seguintes participou de apenas cinco, bem mais produtivas e com resultados positivos.

: : 6. Diminua os boatos e mexericos

Boatos e mexericos, além de destrutivos e desnecessários, prejudicam o ambiente de trabalho e desperdiçam tempo. Deixar claro que esse tipo de comportamento não será mais admitido na empresa pode ser um tanto trabalhoso no início, mas o resultado é sempre um aumento de entusiasmo e de produtividade.

: : 7. Faça limpezas periódicas

Limpar gavetas e mesas libera espaço e renova as energias. Jogar fora tudo o que não se usa é um gesto prático e ao mesmo tempo simbólico, pois se livrar de coisas velhas abre espaço para coisas novas. Papéis, em especial, amontoam-se e acabam esquecidos em um canto durante meses ou anos. Especifique uma época do ano para fazer e pedir a todos no departamento que façam uma limpeza e joguem fora tudo o que não é mais necessário. Isso também se aplica a idéias e a procedimentos. O que não serve mais em sua empresa mas continua sendo utilizado?

: : 8. Tenha metas bem definidas

Se você sabe qual o caminho a seguir, concentre todas as suas energias nele. Mas se não tem idéia exata de suas metas, pode acabar desperdiçando energia em atividades desnecessárias. Estabeleça alguns objetivos e datas para atingir cada um deles. Mas não exagere. Três ou quatro são mais que suficientes. Divida cada projeto em pequenas etapas e vá atualizando as informações, revendo o processo e os resultados com certa freqüência.

: : 9. Não adie demais as decisões

Nada é mais estressante do que ficar adiando decisões importantes. É claro que precisamos de algum tempo para pesar todos os aspectos e avaliar as situações, mas devemos desenvolver o hábito de estipular prazos. A vida e o trabalho exigem que tomemos inúmeras decisões, algumas bastante difíceis. Às vezes temos de nos decidir mesmo sem ter certeza. Mas pior do que tomar uma decisão errada é ficar hesitando indefinidamente. Uma vez decidido, esqueça as dúvidas e concentre-se em obter os melhores resultados.

: : 10. Menos pode ser mais

Outra regra importante quando o assunto é simplificar a vida. Uma breve mensagem pode ser mais eficaz que um longo discurso e uma conversa ao telefone mais construtiva do que um *e-mail.* Tenha isso em mente e sua vida de trabalho pode se tornar bem mais simples. Evite excessos e foque sua atenção no que é realmente importante.

O executivo de um grande banco veio me procurar porque se sentia sobrecarregado. Trabalhava sem parar mas não se sentia produzindo o suficiente. Olhando sua agenda, via-se que sua semana era realmente cheia de compromissos, com inúmeras reuniões e atividades. Costumava levar papéis e documentos para trabalhar em casa também.
Sugeri aplicarmos algumas regras para simplificar sua rotina de trabalho. Quando começou a colocá-las em prática, percebeu que muitos dos processos e papelada em seu dia-a-dia eram totalmente desnecessários. Perdia muito tempo procurando documentos e informações.
Entusiasmou-se então com a idéia de fazer modificações. Pediu a seu assistente que arquivasse todos os seus papéis para que pudesse achá-los rapidamente. Diminuiu drasticamente o volume e o tamanho de seus relatórios, mensagens e também o número de reuniões. Estabeleceu três metas importantes para o mês seguinte e se concentrou nelas, deixando de lado os assuntos menos importantes.
Um mês depois ele parecia outra pessoa e não aquela figura arqueada e séria que entrou em meu escritório pela primeira vez. Estava sorrindo e parecia bem mais à vontade. Disse que simplificar a vida havia tirado um grande peso de suas costas. Voltou a gostar de seu trabalho como antes.

: : Viva o momento presente

Um dos maiores benefícios de simplificarmos nossa vida é que aprendemos a viver o momento presente em vez de nos preocuparmos com o que pode acontecer no futuro. Muitas pessoas se concentram tanto no passado e no futuro que acabam não percebendo o que acontece no presente. É uma pena, pois o passado não pode ser mudado e o futuro é incerto. O presente é a única coisa com que se pode realmente contar.

Isso se aplica ao trabalho e a todas as áreas de nossa vida. Os negócios, reuniões e relacionamentos de hoje são o que importa. Concentre-se em fazer o melhor possível neste momento. Quando cuidamos do presente, o futuro se encarrega de si mesmo.

É claro que planejamento é importante e pode determinar resultados futuros. Mas isso não significa que temos de nos preocupar com coisas que podem jamais vir a acontecer. Negócios e projetos podem dar certo ou errado. Por que então não nos preocuparmos apenas com o presente, fazendo o melhor trabalho? Simplificar é priorizar, identificando o que realmente importa e focando a atenção naquilo que precisa ser feito agora.

Somos todos especialistas em complicar. Fazemos grandes malabarismos, preocupamo-nos com dezenas de coisas, queremos estar em vários lugares ao mesmo tempo e terminar sempre uma tarefa a mais. Simplificar o ambiente de trabalho e familiar e também nossa estrutura e maneira de pensar nos permite ter mais criatividade, decidir o que realmente queremos e atingir com mais facilidade todas as nossas metas.

: : Dez : :

Você pode fazer toda a diferença

Mesmo que nosso trabalho seja muito bom e nos traga muito sucesso, chega um momento em que temos de parar e perguntar se estamos fazendo alguma coisa de bom pelas pessoas. E não estou falando de recordes de vendas no mês ou de promoção a cargos mais altos, mas de olharmos ao nosso redor e vermos o que precisa ser feito, quem precisa de ajuda e colocar as mãos na massa. Estou falando de envolvimento e de incentivar todos a participar de projetos dentro e fora da empresa para que pessoas com menos recursos também possam ter a chance de crescer.

Este capítulo trata de como se pode ajudar as pessoas e por que é tão importante fazer isso. Acredito que todos temos a responsabilidade de trabalhar tanto individualmente quanto em conjunto para auxiliar aqueles que passam por dificuldades. E não se trata de caridade, que não deixa de ser uma demonstração de generosidade, mas de responsabilidade social.

Muitos presidentes e diretores de empresas dividem parte dos lucros e contribuem com instituições de caridade. Essas empresas acabam desempenhando também um papel social, ou seja, um trabalho ainda mais construtivo que o meramente comercial. Isso é muito louvável, mas ainda se pode fazer muito mais doando esforços, energia, conhecimentos, conselhos e incentivo às pessoas que necessitam.

Pessoas que vivem em função de seu trabalho e se preocupam apenas com lucros, análises e carreira podem dizer: "Boa idéia, mas não tenho tempo para isso. Minha vida de trabalho, familiar e social são muito intensas. Como posso me dedicar a algo mais?" Porém, esse "algo mais" é um ingrediente vital para se ter uma vida completa, de sucesso e de satisfação plena. Sucesso sem contribuição pode trazer glórias mas não é tudo. Quanto mais poder temos, maior a necessidade de reconhecermos a importância de doar e de servir. Muitos líderes já perceberam isso e sabem que utilizar o poder para qualquer coisa que não seja servir sempre acaba resultando em excessos e abuso.

Durante a celebração do Jubileu de Ouro da Rainha, uma senhora de 65 anos declarou ainda se lembrar de quando ouviu o anúncio do 21º aniversário da princesa Elizabeth pelo rádio e de suas palavras: "Dedico minha vida, seja ela breve ou longa, a serviço do povo". "Isso marcou minha vida", disse a senhora. A rainha não apenas manteve sua palavra como deu o exemplo. Servir aos outros é dar a eles um pouco de nós mesmos. É o maior presente que podemos oferecer a alguém.

Quando o jovem Hector Laing voltou da Segunda Guerra Mundial em 1946, e após ter servido como comandante de uma tropa de tanques da Guarda Escocesa, resolveu se dedicar à empresa de sua família, a fábrica de biscoitos McVitie's da Avenida Robertson, em Edimburgo. Chegava sempre antes do primeiro turno dos funcionários. No primeiro dia, misturou-se aos operários, sentou-se ao lado de um funcionário mais antigo, apresentou-se e perguntou o que ele achava de trabalhar na empresa. O homem olhou bem para ele e perguntou: "O senhor conhece a Penitenciária de Peterhead?" Hector respondeu: "Bem, nunca estive lá, mas sei de qual se trata". O homem disse então: "Bem, senhor Laing, a única diferença é que aqui a gente recebe uma refeição um pouco melhor!"

Entusiasmado com a idéia de fazer modificações, Hector se comprometeu a transformar a empresa e a desenvolver nos funcionários o senso de união e o orgulho que conseguiu estabelecer em seu batalhão. Acabou fazendo mais que isso. Em poucos anos, a McVitie's passou a fazer parte de uma grande empresa de sucesso chamada United Biscuits plc.

Hector, que mais tarde se tornou Lord Laing de Dunphail, convocou em 1986 a reunião anual na unidade da empresa que ficava na rua George, em Edimburgo, após 40 anos de trabalho ininterrupto. Os acionistas o cumprimentaram e falaram de todas as suas conquistas ao longo daqueles anos. Após o discurso de um deles, todos fizeram comentários sobre o desempenho da empresa e perguntaram: "O que o senhor planeja fazer agora que vai se aposentar, senhor Hector?" Ele respondeu que tinha muitos planos mas que não pretendia ter mais uma vida tão agitada. O que o preocupava mesmo era o que aconteceria quando tivesse que prestar contas ao Criador. Imaginava São Pedro vindo recebê-lo nos portões do paraíso e perguntando: "O que você fez de bom em sua vida, Hector?" Faria então uma descrição de suas boas ações mas com certeza ele ainda responderia: "Muito bom. Mas o que mais você fez de sua vida?"

O senhor Hector fez mesmo muitas coisas boas em sua vida. Primeiro estabeleceu o One Per Cent Club, que incentivava as empresas a doar um por cento de sua renda anual às comunidades locais. Ajudou também a fundar o projeto "Business in the Community" [As empresas na comunidade] em todo o Reino Unido, o que levou muitas empresas a desenvolver trabalho social e econômico em suas cidades. Convenceu também o príncipe de Gales a se tornar patrono da organização. Apesar de tudo isso, ainda não tinha certeza se tinha feito o suficiente. Mas sabia que ter essa dúvida era muito importante.

: : Tente ver a vida sob uma perspectiva diferente

Este "algo mais" que motivava o senhor Hector pode levar a outras questões. Quando pergunto aos meus clientes o que fizeram e o que gostariam de fazer, a conversa quase sempre se encaminha para as questões fundamentais de que falei no início do livro: "Quem sou eu? Por que tenho este estilo de vida e de trabalho? O que pretendo ser e fazer no futuro?"

Muitas das pessoas para quem dou treinamento são responsáveis pelo emprego, vida e futuro de centenas de funcionários. Mas toda vez que proponho essas questões, eles percebem que sua vida se tornou monótona e limitada. Muitos grandes executivos se sentem alienados e fora da realidade. Quando isso acontece, é porque está na hora de ampliar os horizontes e ver a vida sob uma perspectiva diferente.

Precisamos ir além das restrições e bloqueios que estabelecemos para nós mesmos, sejam eles quais forem. Quando ampliamos nosso campo de visão, percebemos que nossas possibilidades são infinitas. Isso é muito positivo e estimulante, mas também pode causar certa ansiedade. Imagine-se livre para caminhar em qualquer direção. Qual delas escolher? O primeiro passo para achar a resposta é analisar o que você tem a oferecer e o que realmente gostaria de fazer. O que mais o motiva? O Teste AIEG [Aptidões, Interesses, Escolhas e desafios e Generosidade] descrito no capítulo 1 pode ser muito útil quando se trata de descobrir nossos verdadeiros talentos, interesses e habilidades.

> Um dia, quando visitei um grande banco internacional, subi no elevador com diversos executivos. No andar do restaurante, mais três entraram, conversando. Eram um rapaz e duas moças. Ele estava falando muito mal de outro funcionário e parecia se divertir com isso. Uma das moças não resistiu e disse antes de sair: "Para sua informação, Andrew é um grande amigo meu há muito tempo e sempre mostrou ser uma pessoa muito boa".
>
> Quando cheguei ao meu andar e encontrei o presidente, não pude deixar de perguntar se aquela situação era comum na empresa. Desanimado, ele disse que infelizmente isso acontecia com freqüência.
>
> Tivemos então uma longa conversa e ele mencionou sentir falta daquele "algo mais". Hoje, depois de tantos anos se dedicando somente ao trabalho, ele está envolvido com atividades sociais que lhe trazem muita satisfação. Não faz apenas doações. Visita as pessoas regularmente, ajuda-as e incentiva muito. Convenceu também muitos funcionários a participar desse tipo de atividade, e o resultado foi uma melhoria no ambiente de trabalho e mudanças positivas na cultura da empresa.

Descobrir nosso "algo mais" pode levar algum tempo, mas vale a pena. Há inúmeras maneiras de ajudar e muitas pessoas já descobriram o que gostam de fazer. A maioria de meus clientes participa de atividades que vão desde a prática de esportes com crianças carentes, incentivando e descobrindo talentos em adolescentes, até dar contribuições a instituições de assistência social e realizar trabalho voluntário em nos finais de semana. Sentem enorme prazer em ajudar. Não importa se essas atividades são de pequeno ou de grande porte, locais ou nacionais. O mais importante é se sentir bem fazendo algo pelas pessoas que necessitam.

: : O verdadeiro trabalho

Ajudar a criar o Centro do Columba 1400 na Ilha de Skye me fez e ainda faz muito bem. Ver jovens que chegam inseguros e sem perspectiva de futuro saírem orgulhosos de si mesmos e cheios de planos é um prazer indescritível. Muitos deles, que moravam nas ruas e não tinham o que comer, hoje estudam e trabalham. Esta é a grande recompensa de nossos esforços.

Uma das pessoas que mais me inspirou foi Joe Slovo, o primeiro ministro a estabelecer um departamento responsável pela moradia no novo governo, o South African Government of National Unity [Governo de União Sul-Africana], estabelecido em 1994. Joe, que é um excelente palestrante, disse certa vez: "Para ajudar as pessoas, temos de nos livrar do velho conceito de que não há o que se possa fazer quanto aos necessitados".

Muitos de meus clientes se interessam pelo Columba 1400. Mostro então a eles um vídeo sobre o trabalho que fazemos e sobre a triste realidade nas ruas no Reino Unido e no mundo inteiro. Eles ficam em silêncio por alguns instantes, alguns com lágrimas nos olhos. E depois fazem algum comentário do tipo: "As pessoas me consideram importante e eu tenho mesmo responsabilidade sobre o trabalho e o sustento de muita gente, mas creio que quando se trata de mudar a vida das pessoas o trabalho de vocês é o que realmente importa".

Esses clientes sentem a diferença entre seu trabalho no mundo corporativo e o trabalho de ajuda às pessoas. Começam a desenvolver a consciência e a necessidade de fazer trabalhos voluntários para a comunidade. A maioria sabe exatamente o que quer fazer, mas alguns não têm idéia de onde começar.

Se você deseja fazer trabalho voluntário, o melhor lugar para começar é sempre dentro de sua própria comunidade. Olhe ao seu redor e com certeza encontrará alguma instituição ou grupo que precisa de energia, experiência e conhecimentos como os seus. Informe-se, descubra o que sua comunidade necessita e mãos à obra. Meus clientes me dizem que sentem bem menos o estresse e as pressões do trabalho quando se envolvem em atividades desse tipo. Sua vida pessoal e de trabalho se tornam mais equilibradas e o voluntariado passa a ser um oásis de tranqüilidade no mundo agitado e estressante de seu dia-a-dia.

Os benefícios do "verdadeiro trabalho" podem se estender a todos os aspectos de sua vida e melhorar muito seu desempenho dentro da empresa. À medida que as pessoas se dedicam às suas comunidades, o relacionamento social-empresarial se desenvolve e se torna mais responsável.

Copio a seguir um trecho do discurso de entrega de um prêmio do Rotary a Naggapan Parasuraman em reconhecimento à sua contribuição social por meio da fundação de uma escola de período integral para as crianças carentes de Chennai, na Índia. Parasuraman é um homem rico, mas realizou por intermédio dessa ação o sonho de mais de 120 crianças e conquistou "algo mais" em sua vida pessoal e profissional.

> Feitos como o seu têm um valor inestimável. Despertar a paixão das crianças menos favorecidas pelo estudo é algo que poucos se propõem a fazer. Ao abrir uma escola em um local mais distante da cidade, em um entroncamento de estradas, o senhor incentivou as crianças a estudar. Tudo começou em 1987, quando seu sonho de ter uma escola para as crianças o levou a montar uma estrutura simples para atender a algumas delas. Em 1995, a pequena construção já tinha se transformado em uma grande escola. Um dos primeiros alunos a freqüentá-la já cursou até mesmo uma faculdade e hoje é engenheiro. Durante o dia, o senhor trabalha com a elite da comunidade científica internacional e durante a noite, com mais sete amigos, ajuda a transformar a vida dos moradores de favelas.

Costuma-se dizer que cada escola aberta equivale a uma prisão a menos. O senhor já libertou muitas pessoas da prisão da ignorância e evitou muitos crimes ao oferecer a elas o bem inestimável da educação.
Sua missão de vida é transformar a palavra cultura em um conceito popular. O segredo do crescimento de um país está no desenvolvimento de cada indivíduo.
O senhor é uma pessoa especial, pois teve a coragem e a iniciativa de dividir sua visão de futuro e seus sonhos com outras pessoas e de contribuir, com total desvelo, para a melhoria da educação. Que sua grande missão seja cada vez mais coroada de sucesso!

Fazer algo tão importante é uma das melhores coisas na vida. E todos somos capazes disso. Não importa o quanto já tenhamos caminhado ou conquistado, sempre é tempo de ajudar a quem precisa.

: : Os cinco Ps

Participei da Conferência de Paz Mundial nas Cidades que ocorreu no Texas em julho de 2002 e muitos jovens políticos e representantes me perguntaram como poderiam ser mais úteis para a população. Senti que estavam mesmo entusiasmados com a idéia de ajudar mais ativamente e propus a eles o exercício a seguir, pedra fundamental do Columba 1400 e pode ser aplicado em qualquer situação de nossa vida.

Os cinco P*s* significam:

- Pessoas
- Parceria
- Pioneirismo

- Perseverança
- Preces

: : Pessoas

Quando decidir iniciar sua jornada em direção a "algo mais" em sua vida, procure sempre as pessoas que já estão no caminho e não as que ainda não se interessam pelo assunto. Sempre haverá alguém para lhe dizer que seu projeto não vai dar certo. Algumas pessoas também podem acabar se sentindo ameaçadas por sua energia e iniciativa, pois isso mexe com eles e mostra que falta algo na vida delas. Não perca seu tempo tentando persuadi-las nem se sinta desanimado por suas críticas.

Ao contrário, una-se às pessoas que pensam de maneira positiva, que buscam soluções e não problemas e que acreditam que é possível ajudar a quem necessita. O lema da Nike, *Just do it* [Vá em frente] é um bom exemplo. Quando você começa sua jornada em direção a "algo mais" precisa de pessoas em quem possa confiar e que acreditem em você. Foi o que aconteceu conosco no Columba 1400. Desde o início, trabalhamos todos juntos, e o ambiente que se estabeleceu foi de tamanho companheirismo e auxílio mútuo que nada se interpôs em nosso caminho. Acreditávamos plenamente que tudo daria certo, e nossa determinação nos fez superar todos os obstáculos. Encontrar as pessoas certas é crucial para o sucesso de seu projeto, assim como ter coragem de se afastar aqueles que não acreditam nele.

Lembro-me de que após uma mudança de pessoal um clima de política negativa e de intrigas se estabeleceu na organização, o que me surpreendeu e me deixou muito desmotivado. Muitos dos que lutavam com afinco para que o projeto desse certo ficaram se perguntando o que tinha acontecido com aquele "algo mais" que tanto os motivara. Tivemos de rever a situação e encarar a realidade de que estávamos dividindo a empresa com pessoas que desejavam que o projeto fracassasse. Somente quando conseguimos superar a cultura de cinismo, medo e maledicência que imperava na empresa a sensação de que "algo mais" podia ser feito voltou a reinar.

: : Parceria

Tanto no Reino Unido quanto nos Estados Unidos, o setor de atividades sem fins lucrativos parece ter iniciativas semelhantes e quase simultâneas. As pessoas acabam tendo idéias parecidas e objetivos em comum. O lado negativo disso é a concorrência entre essas empresas para chamar a atenção e obter patrocínios públicos e privados. Essa competição sem sentido pode desviar a atenção dos objetivos e ideais mais nobres que deveriam norteá-las.

Evite, sempre que possível, essa competição desnecessária. Quando iniciar seu projeto em direção a "algo mais", seja ele individual ou coletivo, procure se aliar a empresas e organizações com quem possa estabelecer uma parceria mais sólida. A cooperação mútua pode trazer grandes benefícios a todos, e das maneiras mais inesperadas.

Pesquisas recentes da Universidade de Glasgow para a Fundação Lloyds TSB na Escócia mostram que uma média de quatro organizações de caridade ou sem fins lucrativos são fundadas por semana. Se isso acontece em um país pequeno como a Escócia, imagine nos grandes países. Mas isso mostra que chegou a hora de se estabelecerem parcerias proativas para compartilhar recursos, energia e idéias e não de desperdiçá-las em jogos políticos e competição desnecessária. Um dos maiores empreendedores sociais da história, John Moorhouse, que já trabalhou na Shell UK, foi diretor da Scottish Business in the Community [Parceria de empresas escocesas para benefícios sociais] e fundador do Big Idea (o primeiro centro educacional de invenções do mundo), segue um lema para estabelecer parceiras de sucesso dentro do setor de empresas sem fins lucrativos: "Uma parceria atinge o nível ideal quando as pessoas e instituições deixam de competir pelo reconhecimento. Desde que o trabalho seja feito, pouco importa quem recebe os elogios".

> No início de nosso trabalho no Columba 1400, estabelecemos parceria com o senhor Tom Farmer, da Kwik-Fit e com Peter Burt do Bank of Scotland, que contribuíram com sua experiência, visão e apoio incondicionais para o projeto. Outras organizações de grande porte como a Youth at Risk, a Big Issue in Scotland e Prince's Trust também deram apoio e contribuições. Estabelecer parcerias tão sólidas desde o início somente reforçou nossa coragem e determinação para lançar o projeto. Como jamais deixamos de acreditar no benefício das parcerias, muitas outras empresas acabaram se unindo a nós com o mesmo espírito e vontade de ajudar.

: : Pioneirismo

Uma coisa que passa pela mente de todos os que iniciam um projeto pioneiro em busca de "algo mais", especialmente nos momentos mais difíceis, é: "Em que fui me meter?" Se isso não acontecer é porque o projeto não é pioneiro ou seus nervos são feitos do mais puro aço!

Transformar idéias pioneiras (que podem vir com facilidade à nossa mente) em ações (algo raro de se ver) é um grande passo. E muitos detalhes do processo podem parecer estranhos ou complicados. Enfrentar os obstáculos é algo que exige arrojo e determinação. Mas cada problema ou dificuldade leva a novas possibilidades e acaba nos fazendo descobrir ou receber apoio inesperado. Todo pioneiro tem dentro de si uma força que o leva a iniciar e a desenvolver seus projetos com segurança, consciente de que cada tijolo serve de base para os que vierem depois dele.

Um antigo ditado diz que não se deve julgar uma pessoa sem estar no lugar dela. E o mesmo acontece com os pioneiros. Não se pode entender o processo totalmente até atingir um ponto em que se possa parar, olhar para trás e dizer: "Bem, já conseguimos caminhar até aqui". Isso reforça o espírito de iniciativa e dá forças para seguir em frente!

Ainda me lembro do dia em que começamos a construir o Columba 1400. Estávamos usando capacetes de obras e chovia muito. Tínhamos de pular as imensas poças para andar pelo terreno. Um dos membros do grupo disse então, olhando para a tempestade: "Se eu estivesse envolvido com este projeto desde o início, esta construção não seria assim!" Não foi um comentário agradável de ouvir, principalmente porque já tínhamos iniciado o processo. É claro que todos têm liberdade para expressar suas idéias, mas naquele momento precisávamos mais de apoio do que de críticas.

: : Perseverança

No capítulo 7 mencionei o Código de Valores Columba: consciência, foco, criatividade, integridade, perseverança e vontade de servir. Se alguém nos perguntasse qual desses valores foi o mais necessário no início, com certeza a resposta seria a perseverança. No mundo do pioneirismo e do "algo mais", críticas e obstáculos são algo muito freqüente. A indiferença de algumas pessoas e sua previsão de que tudo vai dar errado podem ter um efeito devastador. Os comentários são sempre algo do tipo "ninguém faz isso", "da última vez que alguém tentou isso o resultado foi um enorme fracasso" ou ainda "quem você pensa que é para tentar uma loucura dessas, especialmente na sua idade?" Mas quem está realmente disposto a perseverar passa por cima de todos estes obstáculos e acaba conseguindo colocar em prática seus projetos.

Eu estava em um jantar promovido pela BBC para o Conselho de Radiodifusão Escocesa em Glasgow, esperando para fazer meu discurso, quando me chamaram para atender a uma ligação telefônica urgente. Os operários tinham abandonado a obra do Columba 1400. Estávamos no início da construção e tínhamos previsto um custo de 1,5 milhão de libras mas os empreiteiros, que tínhamos escolhido com todo o cuidado, deixaram de fazer o pagamento. Foram à falência e com isso as obras foram interrompidas e o terreno fechado. Poucas notícias em minha vida me abalaram tanto quanto essa e eu ainda tinha de voltar ao salão e fazer meu discurso como se nada tivesse acontecido.

Mas, quando parei para pensar, percebi algumas coisas. Várias pessoas ficariam contentes com a notícia, pois diziam desde o início que aquilo não daria certo e até torciam para que algo assim acontecesse. Um dos membros de um comitê de planejamento da cidade que aprovou nossa proposta disse: "Ninguém jamais solicitou uma quantia tão alta quanto vocês. Um milhão de libras é muito dinheiro para um projeto na Ilha de Skye". Ele tinha acabado de assinar o documento de aprovação mas ainda tinha dúvidas.

Lembrei-me também das pessoas que se orgulharam do projeto, elogiaram-me e comentaram que meu exemplo deveria ser seguido. E dos membros da comunidade que ficaram encantados ao saber que seus filhos e jovens teriam oportunidades que eles jamais tiveram. As parcerias que havíamos estabelecido eram tão fortes que, parando para pensar, decidi que não iria desistir tão facilmente. Perseverança passou a ser então a palavra de ordem.

É claro que esse problema atrasou todo o projeto, mas fizemos uma campanha para arrecadar fundos, contratamos outros empreiteiros e demos continuidade às obras. Nossa determinação nos fez trabalhar ainda mais para concluir o projeto e não desapontar aqueles que tinham depositado suas esperanças em nós.

: : Preces

Por que será que em determinados momentos, apesar de termos pessoas nos dando apoio, espírito de pioneirismo e toda a perseverança do mundo nos sentimos tão desanimados? Qual de nós ainda não se sentiu fraco e inseguro diante dos obstáculos?

É nessas horas que a prece se torna uma poderosa aliada. Em momentos de dificuldade, as orações podem nos ajudar a ver que na verdade não estamos sozinhos. Qualquer que seja nossa crença ou convicção, saber que há um poder maior para nos ajudar traz muito conforto. Certa vez, eu estava dando uma palestra para pais e professores sobre adolescentes com comportamento difícil quando um deles levantou a mão e disse: "Os momentos em que os adolescentes parecem precisar menos de nós são justamente aqueles em que eles estão mais carentes de ajuda". E o mesmo ocorre com a prece. Quando tentamos nos convencer de que não precisamos dela e que não vai fazer a menor diferença se a utilizarmos, é este o momento em que ela é mais necessária.

A maioria de nós passa a impressão de ser capaz de enfrentar qualquer coisa. O mundo pode olhar para nós e achar que somos seguros e inabaláveis mesmo que, por dentro, estejamos desesperados e prestes a ruir. Somente quando estamos sozinhos é que baixamos a guarda e somos honestos com nós mesmos. Preces são, nessas horas, uma maneira de encontrar forças, esclarecimento e consolo.

Um lugar como o Columba 1400, localizado entre as montanhas e rodeado pela visão panorâmica da Ilha de Skye, já é por si só um refúgio espiritual. Não há local melhor para ficar sozinho e em paz consigo mesmo, com a natureza e com os espíritos que nos guiam e protegem durante a vida e depois dela.

Quando o "coração se acalma" (uma de nossas frases prediletas no Columba 1400) uma fonte infinita de força e de consolo invade o nosso ser, recarregando nossas energias e ajudando a superar o estresse, a tensão e a rever nossas escolhas e desafios. É quando nos sentimos protegidos e amparados e aquele "algo mais" em nossa vida pessoal e profissional começa a se desenvolver por si só, quase sem necessidade de influência ou direcionamento.

Como isso ocorre? A visão começa a predominar sobre a personalidade, os objetivos substituem a controvérsia, a confiança domina o medo e o lado espiritual passa a predominar nas atividades do dia-a-dia.

As lições e as experiências dos cinco P*s* nos ensinam e ajudam em todas as áreas da vida. Podem ser lições árduas no início, mas moldam nosso caráter e permitem descobrir nosso verdadeiro potencial.

: : Os benefícios de se descobrir aquele "algo mais"

Os executivos que se esforçam para descobrir "algo mais" em sua vida acabam obtendo inúmeros benefícios. A sensação de saber que podem ajudar outras pessoas traz uma alegria indescritível. E ultrapassar os limites da mentalidade estreita como a do rapaz que encontrei no elevador do banco também causam um grande alívio e dão mais sentido à vida. Acabam descobrindo a verdade do ditado celta que mencionei no capítulo 1: "Para entender aonde está indo, você precisa saber de onde veio". Redescobrem suas origens e passam a ter mais segurança e força interior.

Dedicando-se a "algo mais" além de seu trabalho, esses executivos estabelecem um equilíbrio entre vida pessoal e profissional que lhes permite pensar com mais clareza e se concentrar melhor em todas as suas tarefas. Muitos acabam redescobrindo, para sua surpresa, o verdadeiro valor de seus relacionamentos, amizades e casamento e passam a aproveitar melhor cada minuto que têm com a família.

Hector Laing não é o único a se perguntar "mas o que estou fazendo de minha vida, afinal?" Quem não tem medo de analisar seus desejos mais profundos e se esforçar para realizá-los descobre sempre uma maneira de vencer os obstáculos. Encontra dentro de si mesmo a força e os recursos para colocar em prática suas idéias, e seu futuro se torna cada vez mais claro. Não existe melhor recompensa do que saber que se fez algo importante por alguém.

Segundo um ensinamento judaico, muito antigo e belo, quando alguém está prestes a morrer, um anjo vem ao seu encontro e faz três perguntas:

- O mundo é hoje um lugar melhor graças à sua vida?
- O mundo é hoje um lugar melhor graças aos seus esforços?
- O mundo é hoje um lugar melhor porque você existiu?

Creio que todos queremos responder "sim" às três.

: : Onze : :
Como enfrentar crises

Temos a tendência de achar que a vida das outras pessoas é sempre melhor do que a nossa. A mídia reforça sempre essa imagem, incentivando todos a buscar o estilo de vida "ideal" e mostrando pessoas que, supostamente, vivem dessa maneira. Mas a verdade é que a vida não é feita apenas de prazer e diversão. Tem também seus altos e baixos, vitórias e derrotas, surpresas e problemas que jamais podemos prever. Sentar-se à beira de uma piscina tomando um drinque e aproveitando o sol é algo relativamente fácil de fazer. O verdadeiro teste está em saber superar os revezes e as crises do dia-a-dia.

Pessoas de caráter são aquelas que, diante das tempestades, encaram os ventos e seguem em frente sem se entregar. Na verdade, uma vida de sucesso é aquela em que a pessoa enfrenta uma carga de problemas maior do que imaginava poder suportar mas acaba superando tudo. Quando as dificuldades surgirem em seu caminho, não permita que a rejeição ou a baixa auto-estima impeçam seu progresso e continue lutando. Ao fazer isso, descobrirá dentro de si um caráter muito mais forte do que jamais imaginou ter.

Parece estranho, mas quando estamos no meio da luta contra todas as adversidades, imaginando que não há luz no fim do túnel, algo sempre acontece para nos ajudar. É como um viajante no deserto que encontra um pouco de água ou o marinheiro que finalmente encontra um porto para descansar. Superar crises e dificuldades, independentemente de sua gravidade, exige uma mente aberta, raciocínio claro, muita determinação e capacidade de ver os problemas sob diferentes ângulos, pois não há dificuldade que dure para sempre.

: : Mantenha a cabeça fria

Todos nós somos testados das mais diferentes formas. A maioria desses testes vem sob a forma de crises, que surgem do nada e exigem que utilizemos todos os nossos recursos e habilidades. Se conseguirmos superar uma crise sem nos desesperar, de cabeça erguida e com determinação, saímos dela com mais segurança para enfrentar qualquer coisa.

Às vezes temos de tomar decisões difíceis e sob pressão sem ter certeza de que estamos escolhendo o caminho certo. E manter a calma não significa ter todas as respostas. A dúvida é um elemento sempre presente na tomada de decisões, mas tem de ser administrado antes, não depois.

O ex-prefeito de Nova York, Rudolph Giuliani, é um bom exemplo disso. Mesmo diante de uma das maiores crises nos Estados Unidos conseguiu manter tanta calma que todos ao seu redor se sentiram mais seguros. Quando os terroristas jogaram os aviões contra as torres do World Trade Center em 11 de setembro de 2001, matando quase cinco mil pessoas, o prefeito reuniu forças para superar a situação e responder pela cidade perante o resto do mundo. Em seu livro *O líder: a autobiografia do mais famoso prefeito de Nova York*, ele declara:

> "Um líder decidido pode passar a imagem de que não tem dificuldades para tomar decisões. Às vezes, quando deparo com uma decisão difícil, passo algum tempo analisando os prováveis resultados de cada alternativa. Mas, uma vez tomada a decisão, sigo em frente. Todas as minhas energias se concentram em fazer com que tudo dê certo e não perco mais tempo imaginando se escolhi ou não o melhor caminho".

Este é um ponto vital da questão. Uma vez tomada a decisão, a pessoa que se encontra diante de uma crise deve esquecer as dúvidas e concentrar seus esforços no resultado. Isso ajuda a manter a calma e a não se desesperar mesmo nas circunstâncias mais difíceis.

O marechal Montgomery, um dos maiores líderes militares ingleses, é outro exemplo de pessoa que consegue manter a calma mesmo atuando sob grande pressão.

> Quando estava se preparando para a grande batalha de El Alamein em 1942, o marechal usou o uniforme-padrão de guerra e sua já conhecida boina preta em vez das vestes cheias de adornos dos generais. Disse aos soldados que visitaria pessoalmente as tropas. Sua mente podia estar muito ocupada e focada na estratégia e táticas de guerra, mas sua postura transparecia calma e segurança.
>
> Quando chegava aos locais onde estavam as tropas, todos os soldados se enfileiravam em posição de sentido para recepcioná-lo. Pedia então que ficassem à vontade e se reunissem ao seu redor. Falava com eles sobre as estratégias da batalha como se fosse um treinador em um vestiário com seu time. Passava todas as instruções com segurança e tranqüilidade, dizendo ao final: "Obrigado a todos pelo esforço e pelo trabalho. Agora vou me preparar para uma boa noite de sono e espero que vocês façam o mesmo".

Montgomery sabia que, por mais que tentasse garantir a execução de todos os detalhes de uma estratégia, havia um momento em que tinha de relaxar e confiar nas tropas, pois já tinha feito tudo o que podia. Sabia que a melhor maneira de incentivar os soldados era pelo exemplo e pela calma. Seguia o lema do famoso general do século dezessete, o marquês de Montrose: "Aquele que teme o destino ou não acredita merecer recompensas coloca em jogo todas as suas vitórias".

: : A capacidade de administrar momentos de crise

Superar uma crise é mera questão de tomar atitudes apropriadas. Quando sofremos um acidente ou nos sentimos mal procuramos um hospital confiando no conhecimento e na experiência dos médicos. Em momentos de crise pessoal ou profissional, também precisamos de algo ou alguém a quem recorrer. E um dos melhores recursos nesses momentos é nossa capacidade de organizar idéias e de delegar.

: : Organizar e delegar

Quando estamos em meio a uma situação difícil, organização e distribuição de tarefas são meios eficazes de superar os obstáculos. O primeiro passo é estabelecer um conjunto de procedimentos para concentrar as ações na tarefa principal, ignorando as dificuldades menores. O segundo é delegar poder às pessoas para que toda a equipe se sinta responsável, ativa e integrada. Pode ser necessário tomar algumas decisões importantes e fazer ajustes. Isso causa certa ansiedade nas pessoas, pois toda mudança gera medo. Este é o momento em que o líder precisa transmitir segurança e confiança a todos ao seu redor para que percebam com clareza quais são os objetivos e possam agir da melhor maneira utilizando o poder que ele lhes delegou. Quando as pessoas se sentem mais úteis, recuperam as esperanças e percebem que podem superar as dificuldades. Quem tem poder para modificar as coisas age com mais tranqüilidade e inspiração.

Mas o que impede determinados líderes de se organizar e delegar justamente nos momentos mais difíceis? Primeiro, um excesso de facilidades e tranqüilidade na vida nos torna menos ágeis e menos prontos para atuar com presteza quando mais precisamos. Quem não está acostumado a trabalhar com afinco sente mais dificuldade quando tem de agir sob pressão. Outra possibilidade é hesitarem porque se preocupam demais em fazer tudo certo com medo do que as pessoas vão dizer ou pensar a seu respeito. Esse tipo de atitude pode acarretar problemas muito mais sérios e colocar em risco qualquer tipo de operação.

Estabelecer um plano perfeito que não envolva mudanças ou possíveis problemas em momentos de crise é muito difícil. Um líder tem de estar preparado para fazer ajustes e rever seus planos à medida que avança. É como um capitão que precisa enfrentar ventos e tempestades para conduzir com segurança a embarcação ao porto. Mesmo que algumas talhas, cordame e equipamento tenham de ser jogados ao mar ou se percam no caminho, ninguém vai questionar suas decisões desde que o navio e os tripulantes cheguem a salvo.

Pensar com calma e clareza, organizar idéias e ações e delegar poder não são características exclusivas dos grandes líderes, mas de todos os que têm capacidade de liderança.

Uma empresa têxtil no norte da Inglaterra, administrada havia cinco gerações pela mesma família, passou a ter dificuldades com a chegada de concorrentes internacionais. O mercado ficou saturado de produtos similares aos seus, porém mais baratos. Sem condições de manter as despesas, a empresa de 150 anos parecia condenada a falir. Foi então que um jovem gerente decidiu encarar o desafio e disse ao diretor administrativo, que era seu pai: "Podemos viajar, descobrir o que está sendo feito no exterior e aplicar aqui essas idéias". Viajaram então para outros países mas retornaram sem ter feito grandes descobertas. Não desanimaram e continuaram a busca até encontrar não apenas idéias mas recursos para expandir seus negócios no país e estabelecê-los no exterior. A empresa foi salva e ganhou novos ares, além de garantir o emprego de todos os funcionários. Quando tudo parecia perdido e a diretoria já pensava em desistir, a energia e a visão de um jovem gerente mudou o destino da empresa.

Mesmo em um período de crise, o gerente conseguiu planejar mudanças e, apresentando suas idéias aos membros da diretoria, mostrou que o redirecionamento dos negócios poderia recuperar e trazer benefícios à empresa.

Apresento outra história que ilustra muito bem a habilidade de organizar idéias e delegar em momentos de crise. Desta vez, a empresa era de construção civil, uma das primeiras áreas a entrar em colapso em períodos de recessão.

A Barr Construction começou sua primeira empreitada com oito funcionários e em 30 anos, sob a administração de Bill Barr, o presidente, tornou-se uma das maiores empresas do país, com mais de mil funcionários e obras em todo o Reino Unido.
Mas o país começou a passar por dificuldades. Consciente de que a empresa poderia ser afetada, Bill convocou a diretoria para algumas reuniões e troca de idéias. Resultado: a empresa continuou a trabalhar no ramo de construções de casas e rodovias mas encontrou um novo nicho no mercado de hipermercados e estádios esportivos. Isso não apenas manteve a empresa ativa como também aumentou os lucros e ampliou a visibilidade.

Isso só foi possível graças à persistência e ao otimismo de Bill Barr. O que ninguém sabia é que ele estava sofrendo de diabetes e, mesmo tendo problemas de visão, trabalhou e viajou sem parar até conseguir expandir a empresa no mercado e garantir sua continuidade.

Organizando idéias, delegando poderes e trabalhando em equipe, Bill Barr e o jovem gerente da empresa têxtil conseguiram superar as crises e atingir seus objetivos.

: : A coragem de se manter fiel às suas convicções

Uma característica vital em momentos de crise é a coragem de manter nossos pontos de vista e convicções. Mesmo que as pessoas ou as situações tentem nos fazer mudar de idéia e seguir caminhos diferentes, devemos escutar nossa voz interior. Nesses momentos, conhecer bem a nós mesmos, nossas crenças e convicções faz toda a diferença, pois elas nos servem de apoio e referência independentemente do que possa acontecer ao nosso redor. Sem esse conhecimento, somos levados pelas influências externas, que nem sempre indicam o melhor caminho a seguir.

A história a seguir ilustra bem algumas escolhas difíceis que temos de fazer em momentos de crise e a importância de nos mantermos fiéis às nossas convicções.

Nos Estados Unidos, os esportes vinculados a universidades geram bilhões de dólares. Uma pesquisa recente mostra que as universidades de Ohio e do Texas, por exemplo, têm um orçamento calculado entre 50 e 60 milhões anuais. A missão dos diretores e dos presidentes dessas instituições é, portanto, manter o equilíbrio entre o desempenho acadêmico e o esportivo.

O presidente recém-eleito de uma grande universidade identificou logo no início, enquanto desenvolvia sua estratégia administrativa, que alguns alunos tinham grande talento para o futebol. Ele tinha grande consideração pelo esporte, mas suas convicções e respeito pelos valores acadêmicos norteavam sua visão e os objetivos que tinha estabelecido para a instituição.

Pouco tempo depois, recebeu a notícia de que um dos principais jogadores, que já tinha recebido vários avisos, agiu de maneira rude e agressiva para com membros da comunidade. O presidente começou então a sofrer pressão de todos os lados. Os fanáticos pelo esporte queriam que o jogador fosse mantido, mas o restante da comunidade exigia sua expulsão. Todos aguardavam ansiosos uma definição.

Foi o primeiro grande teste na carreira daquele presidente. Forçado a tomar uma decisão, sentia um misto de dúvida e de certeza. Sabia que seu respeito pelo aspecto acadêmico deveria se estender ao esportivo e tinha consciência de que expulsar o jogador causaria um grande impacto.

Mas tinha de dar o exemplo e puniu o infrator. Reuniu então os alunos e os funcionários e explicou os motivos de sua decisão. Houve protestos e, ao sair, o presidente ouviu alguém comentar: "Ele vai ter de mudar de idéia".

Os dias que se seguiram foram uma verdadeira tortura para ele. Jamais imaginou que enfrentaria uma situação tão difícil logo no início de seu mandato. Mas manteve a postura calma e segura até que, aos poucos, a comunidade começou a voltar ao normal, aceitar o fato e se sentir mais tranqüila. Todos perceberam que o novo presidente era um verdadeiro líder, preparado para agir de maneira consciente, equilibrada e, parafraseando Rudyard Kipling, "sem medo da multidão".

Após pensar muito e considerar as várias possibilidades, esse presidente teve sua integridade e seus valores questionados, mas não se deixou influenciar. Uma vez tomada a decisão não recuou, e acabou sendo até admirado por sua postura. O aspecto mais importante, neste caso, é ter se mantido fiel aos seus pontos de vista. Para ele, mais importante do que o sucesso do esporte na universidade era o comportamento adequado dos alunos.

: : Exercício: o Teste dos Princípios

Quais são seus valores básicos? Quais são os princípios mais fortes em você, aqueles dos quais não abre mão ou deixa de lado mesmo sob as piores circunstâncias? Conhecer esses limites é vital em momentos de crise. É claro que temos de nos adaptar às circunstâncias para não ser tão rígidos ou inflexíveis. Mas conhecendo a nós mesmos sabemos até que ponto podemos ir sem trair ou transgredir nossos valores básicos. Esse tipo de conhecimento sempre ajuda a direcionar nossas ações mesmo nos momentos mais difíceis.

Faça uma análise e identifique seus princípios básicos. Pergunte a si mesmo quais valores considera mais importantes e até onde iria para não abrir mão deles.

: : O Teste RAC

É uma técnica eficaz quando estamos sob pressão e enfrentando grandes desafios. Pode ser aplicada em qualquer situação, mas funciona melhor em momentos de crise.

O princípio deste teste foi desenvolvido dentro de uma instituição muito conhecida em uma cidade da Inglaterra: o conselho paroquial. Na vila onde o conselho se reúne, o RAC é um instrumento importante na tomada de decisões voltadas para o bem-estar e a segurança da população, além de estimular nas pessoas o senso de comunidade.

RAC significa Ritmo, Autoconfiança e Controle. O foco da técnica é estabelecer o bem comum e uma liderança eficaz. Administrar bem essas três características ajuda a superar qualquer tipo de dificuldade.

: : Ritmo

Observe seu ritmo de vida e veja se ele atende às suas necessidades. Você tem trabalhado de maneira acelerada, deixando passar informações importantes e ignorando conselhos úteis? Ou sente que seu ritmo é muito lento, que perde muito tempo pensando antes de agir e deixa passar as oportunidades? Tente ajustar o seu ritmo até obter um ponto ideal.

: : Autoconfiança

O que abala sua autoconfiança? Sente-se desmoralizado com facilidade? Ou confia demais em si mesmo e acha que está sempre certo? A melhor opção é o equilíbrio entre os dois extremos. Tente se lembrar de seus momentos de vitória, quando atingiu os objetivos que desejava. Encoraje e incentive a si mesmo, mantendo um nível estável de autoconfiança.

: : Controle

Você já observou como grandes discussões ocorrem quando uma das partes, ou ambas, perdem o controle? Manter as coisas sobre controle não significa ter poder sobre os resultados mas sim ter segurança suficiente para antecipar e perceber o rumo dos acontecimentos e adaptar-se a eles.

A visão de colega mais experiente pode ajudar a identificar nossas habilidades e talentos inatos. O medo de errar muitas vezes nos faz

desanimar. Em uma reunião anual, a esposa de um ex-presidente se aproximou de um jovem executivo para elogiar seu desempenho. O CEO ficou lisonjeado e escutou atentamente suas palavras. "Ver você subir ao palco e falar nos fez muito bem. Ficamos felizes com os seus resultados. Jamais se esqueça deste momento. Sua autoconfiança nos impressionou".
O jovem agradeceu pelas palavras de incentivo. O que a esposa do ex-presidente não sabia é que ele tinha aprendido a técnica RAC com um colega mais velho e, pelo visto, passou no teste. Transmitiu tranqüilidade e segurança enquanto falava, embora suas pernas estivessem muito trêmulas!

Não é incomum vermos líderes se lembrarem de algum momento de vitória do passado para ter mais segurança e força espiritual em momentos difíceis. Os seguidores celtas de Santo Columba sempre recorriam às suas bênçãos em momentos decisivos de liderança: "Que as palavras de Columba estejam em minha mente e sua eloqüência em minha fala. Que a serenidade do grande Filho da Graça esteja comigo em meio à multidão".

: : Ajuda inesperada

Nos momentos mais difíceis de nossa vida pessoal ou profissional é bom saber que podemos acabar recebendo ajuda de maneira inesperada. Devemos estar sempre abertos a isso, pois mesmo quando o mundo ao nosso redor parece desabar, se olharmos bem, veremos alguém em quem podemos confiar e que pode nos estender a mão.

O regimento dos Pára-quedistas das Forças Armadas britânicas e o SAS têm um dos treinamentos militares mais rígidos, assim como a Marinha Real e a Força Aérea norte-Americana. Quem deseja desfrutar do privilégio de usar a boina vermelha deve passar por uma rigorosa seqüência de testes físicos. Quando fiz o treinamento, aprendi duas grandes lições: a primeira, que temos mais forças do que imaginamos e a segunda, que nos momentos mais difíceis uma mão amiga pode fazer toda a diferença.

Passávamos a manhã inteira fazendo exercícios no ginásio, seguidos de uma corrida de 15 quilômetros pelas estradas e trilhas e no final da tarde, mais exercícios. Um dia, um colega chutou meu nariz sem querer durante os exercícios nas cordas. Minha respiração foi ficando cada vez mais difícil e mais tarde descobri que tinha uma fratura.

Quando retornamos da corrida, o sargento ordenou que fôssemos para a piscina. "Tirem a roupa e entrem". Deixamos as fardas do lado de fora, na chuva. Depois de alguns exercícios na água recebemos ordem de sair e nos vestir, e então me lembrei de minha mãe, que jamais permitia que ficássemos com roupas molhadas. Mas no exército vestir roupas molhadas é sinal de força e de resistência.

Voltamos ao depósito então, sentindo cada vez mais frio e desânimo. Quando estávamos finalmente nos aproximando da caserna, loucos para entrar e nos aquecer, o sargento ordenou que voltássemos. "Muito bem, vamos fazer tudo de novo!"

Nesse momento, dois dos colegas à minha frente, não suportando mais a exaustão, caíram em uma barragem de artilharia que havia sido construída. Reduzi o passo e estava para cair também quando um dos recrutas do Departamento de Engenharia Real, que fazia o treinamento de pára-quedismo conosco, segurou-me pelos braços e sussurrou em meu ouvido: "Não desista, padre. O senhor consegue. Vamos conseguir juntos".

Fiquei eternamente grato àquele jovem. Tinha sido o momento mais difícil de minha vida até então. Sem sua ajuda eu jamais teria sido aprovado no teste. Sua atitude e suas palavras redirecionaram minha vida. Aprendi na prática que nos piores momentos a ajuda pode vir de onde menos se imagina.

: : Olhe para o futuro

Em momentos de grande dificuldade, tentar olhar para a frente, em direção ao futuro, pode nos dar esperanças. Sempre há um amanhã, uma outra chance e um motivo para seguirmos em frente. Nada ilustra melhor esse conceito do que uma história que Ron Neil me contou quando era diretor do Centro Regional e Nacional da BBC e eu da regional escocesa.

> Em 13 de março de 1996, durante uma reunião de diretoria da BBC, recebemos a notícia de um massacre em uma escola primária na cidade de Dunblane, na Escócia. Ron e eu saímos imediatamente e viajamos para o local. O carro da BBC em que nos levaram até o aeroporto tinha uma televisão e pudemos assistir às notícias. Ficamos chocados quando informaram que 16 crianças e um professor tinham sido assassinados. Olhei para Ron, que, apesar de toda a sua experiência como repórter e executivo, estava chorando. Sem tirar os olhos da televisão, ele disse: "Já vi isso algumas vezes".
>
> Contou-me então que quando era repórter na Radio 2, vinculada à BBC de Glasgow na Escócia, foi enviado para cobrir a história do desastre com o barco salva-vidas Longhope nas Ilhas de Orkney em janeiro de 1969. Naquela época, os repórteres passavam as notícias mais urgentes às rádios pelo telefone. Ron foi para o hotel onde a comunidade estava reunida. Todos ali tinham um parente ou amigo envolvido no acidente. O rádio estava ligado no volume máximo para que todos pudessem acompanhar as notícias. De repente, a

> matéria que ele tinha acabado de transmitir pelo telefone foi anunciada. Oito homens tinham sido dados como desaparecidos.
>
> Houve um grande silêncio no salão, quebrado apenas por choro e lamentos de adultos e crianças. Foi quando um garoto se levantou e disse bem alto: "Temos de construir outro barco".
>
> E foi o que fizeram. Alguns anos depois Ron Neil foi chamado para cobrir o lançamento do novo barco salva-vidas Longhope. Elizabeth, a Rainha-mãe, estava presente. Todos os que morreram no acidente foram lembrados. O ministro mal tinha acabado de anunciar o hino "Pai Eterno, salvador", que menciona os "que enfrentam os perigos do mar" para encerrar a cerimônia quando a tripulação foi informada de um chamado urgente e o barco teve de partir às pressas.
>
> Aquele garoto que teve a coragem de se levantar em meio ao desespero de todos no hotel estava certo. O trabalho de salvar vidas tinha de continuar e a comunidade precisava olhar para a frente e para o futuro.

Assim é na vida como no trabalho. O exemplo desse garoto de Orkney pode ser seguido por todos os líderes nos momentos de crise independentemente de sua experiência, conhecimento ou prática. Tempestades podem avariar e destruir as embarcações. Mesmo os melhores navios são impotentes diante das rochas e obstáculos não previstos e os barcos salva-vidas e cordas nem sempre são suficientes para evitar a morte da tripulação. Quando isso acontece é preciso recobrar as forças, construir outro barco e seguir em frente.

: : Quando vale a pena insistir

Todos já passamos por momentos em que não sabíamos se deveríamos dar continuidade a um projeto ou simplesmente desistir e partir em busca de outra solução. Todos já nos perguntamos: "E agora? Qual caminho seguir?" Mas como saber o que fazer em momentos de crise? As sugestões a seguir podem ser bastante úteis quando tivermos uma decisão a tomar:

- Você acredita mesmo nesse projeto? Tem possibilidade de dar certo? Vale a pena investir? Sente-se 100 por cento seguro em relação a ele?
- O projeto é consistente com seus valores e objetivos? Você o defenderia com convicção e segurança mesmo nos momentos mais difíceis?
- Consegue prever resultados positivos e identificar as ações necessárias para atingi-los?
- Caso se trate de um projeto corporativo ou de um grupo, quem mais acredita nele?
- As pessoas o vêem como líder, procuram sua orientação ou idéias com relação a esse projeto?

Se respondeu "sim" a todas essas questões, vale a pena insistir. Se respondeu "não" a alguma delas, pergunte a si mesmo qual o motivo. Avalie as possibilidades, o que necessita ser modificado, ajustado ou redirecionado para que a resposta seja sim, ou se não é melhor desistir e investir suas energias em outro projeto.

> Uma fábrica passou por uma grande crise quando o custo da matéria-prima dobrou e os compradores ficaram sem estoque. Mas um dos diretores estava disposto a seguir em frente e salvar a empresa. Apesar da opinião negativa da diretoria, convenceu os funcionários a continuar, a trabalhar sem descanso e a procurar novos clientes para o produto.
>
> Três meses depois, a situação ainda era muito complicada, mas o diretor continuava determinado a vencer as dificuldades quando a

diretoria se reuniu mais uma vez. Mas ao final da reunião, reuniu forças e coragem e mudou de idéia. Não era justo sacrificar tanto os funcionários e os esforços já não compensavam as perdas. Voltou cabisbaixo e informou a todos em seu setor que a empresa teria de fechar. Já tinha feito tudo o que era possível, mas se sentia sozinho na batalha e nenhuma solução milagrosa parecia surgir.

Reavaliar a situação pode ser uma tarefa bastante difícil, mas é algo que deve ser feito com freqüência e de maneira objetiva para que possamos determinar se vale a pena continuar ou não.

: : Depois da crise

Cedo ou tarde todas as crises chegam ao fim. Sua principal característica é o curto período de duração. Depois de utilizarmos todos os nossos recursos, conhecimento e experiência para superar as dificuldades, é hora de fazer uma pausa e rever o que aconteceu. Uma boa maneira de fazer isso é propor a nós mesmos e a todos os envolvidos as seguintes questões:

- Algo poderia ter sido feito para evitar a crise?
- As dificuldades foram administradas da melhor maneira possível?
- Quais lições se podem extrair dessa experiência?
- O que pode ser feito para evitar outra crise como essa no futuro?

Embora a maioria das crises não possa ser evitada, nenhuma empresa pode ficar passando eternamente de uma dificuldade para a outra. Por isso é importante desenvolver planos de emergência para o caso de imprevistos. Assim, todas as energias e recursos podem ser utilizados nas circunstâncias mais difíceis em vez de serem desperdiçados em situações resultantes da falta de planejamento ou de cuidado. Quem presta atenção nos detalhes e aprende com a experiência pode evitar dificuldades previsíveis e até mesmo algumas crises.

: : Doze : :
Liberte-se

Uma das experiências mais comoventes de minha vida foi a viagem que fiz com minha família à Ilha de Robben, na costa da Cidade do Cabo, África do Sul. Nada que se compare à "caminhada para a liberdade", de Nelson Mandela, o primeiro presidente negro do país, que passou 27 anos preso (nove na Ilha de Robben), mas ainda assim foi um passeio emocionante.

Antes de ir para a ilha, visitamos a galeria da Fundação Nelson Mandela. Ali vimos o texto que ele enviou juntamente com o projeto para a Ilha de Robben:

> Hoje, quando olho para a Ilha de Robben, vejo o símbolo da luta e das melhores qualidades do espírito humano e não mais um monumento à tirania e à opressão do apartheid.
>
> Nessa ilha, a coragem sobreviveu e superou as dificuldades, e as pessoas continuaram a acreditar em seus sonhos mesmo quando tudo parecia perdido. A sabedoria e a determinação superaram o medo e a fraqueza humana.

> A Ilha de Robben já foi um lugar de sofrimento, mas as trevas se transformaram em luz, uma luz tão poderosa que não podia ser escondida atrás de grades ou limitada pelo mar ao redor.
> Nesse projeto, a que chamo "Minha Ilha de Robben" tentei traduzir as cores da luz que vejo. É o que desejo compartilhar com as pessoas em todo o mundo. Espero que elas percebam que até os sonhos mais impossíveis podem ser realizados quando estamos preparados para vencer os desafios.

Quando estávamos saindo da galeria, passamos por quatro grandes esculturas que serão reproduzidas na Ilha de Robben. Representam os quatro estágios da luta contra o *apartheid* na vida de Nelson Mandela: prisão, diálogo, comunidade e liberdade. A beleza delas e o poder que emanam me tocaram profundamente. Personificam a luta pela liberdade durante o *apartheid*, mas podem ser aplicadas em nosso caminho para a compreensão e ampliação da consciência.

: : Prisão

Muitas vezes somos enredados pelas circunstâncias e acabamos nos sentindo impotentes e sem capacidade de criação devido às pressões das pessoas e de nossa vida. Quem tem de lutar todos os dias contra as dificuldades entende isso muito bem. Podemos nos sentir presos tanto pelos fatores externos como pelas nossas próprias limitações.

O que o prende ou impede de continuar? São influências ou experiências negativas de sua infância? Ou será que seus valores pessoais não combinam com suas ações e expectativas? Pode ser que esteja vivendo de acordo com regras e preceitos de outras pessoas em vez de deixar que suas verdades, personalidade e sonhos se expressem livremente.

: : Diálogo

Somente quando Nelson Mandela e seus amigos e parceiros políticos Walter Sisulu e Robert Sobukwe começaram a dialogar com outras figuras políticas no movimento anti-*apartheid* como o grande Joe Slovo, o imigrante judeu lituano que participou do governo de Mandela, que a luta contra o regime racista repressivo na África do Sul começou a tomar proporções nacionais e internacionais. Costumamos ignorar os benefícios do diálogo, deixando que a insegurança ou o medo de que as pessoas não nos compreendam tomem conta de nós. O famoso poeta David Whyte, que dá palestras sobre a necessidade da expressão de nossos valores e personalidade no ambiente de trabalho, não se cansa de dizer ao mundo corporativo que é por meio da comunicação e do diálogo que desenvolvemos força e união. É quando nos expomos e mostramos nosso lado vulnerável que crescemos como pessoas. O diálogo aberto leva ao autoconhecimento e à realização pessoal, principalmente quando ocorre em lugares e com pessoas que jamais imaginamos nos abrir.

: : Comunidade

É muito comum ouvirmos as pessoas (e não apenas os idosos) dizerem que os velhos tempos eram melhores e que o mundo não é mais o mesmo. Normalmente, esse tipo de comentário está associado à sensação de fazer parte de uma comunidade, que muitas pessoas já não sentem mais.

As facilidades de comunicação e de deslocamento do mundo atual mudaram os conceitos de comunidade. Hoje, as pessoas podem escolher viver no anonimato, sem contato com as outras.

A rapidez das mudanças e a busca de resultados em curto prazo também se refletiram no ambiente de trabalho. Um banqueiro australiano que tinha dois filhos e a esposa grávida de um terceiro me disse que não costumava comentar sobre sua vida particular no trabalho porque imaginava que ninguém estaria interessado em ouvir. Mas a verdade é que muitas pessoas estariam dispostas a conversar se ele tivesse uma postura mais aberta, livre das restrições que impunha a si mesmo. Estabeleceria laços mais fortes e uma sensação de comunidade em seu ambiente de trabalho.

O filme *Momento inesquecível*, ganhador de Oscar, mostra uma comunidade entusiasmada com a possibilidade da construção de uma usina de petróleo em sua cidade, que traria empregos e desenvolvimento mas que também poderia destruir sua cultura e valores. O barão texano do petróleo, interpretado por Burt Lancaster, chega então à cidade, hospeda-se em uma casa de praia e passa a conviver com os moradores locais. Começa então a descobrir seus sentimentos e a ter experiências totalmente novas. Ao longo do filme, sua personalidade vai se modificando à medida que ele percebe que os verdadeiros valores e caráter se desenvolvem de dentro para fora.

: : Liberdade

Quando unimos mente e coração e começamos a desempenhar nosso trabalho de dentro para fora em vez de simplesmente desenvolver nossas atividades de maneira automática e sem sentimentos, começamos a desfrutar de uma incrível sensação de liberdade. Quando estava preso, Nelson Mandela descobriu que sua força e luz interior seriam capazes de transformar o período de trevas que dominava a África do Sul. Cito novamente suas palavras: “Até os sonhos mais impossíveis podem ser realizados quando estamos preparados para vencer os desafios”.

As quatro esculturas que representam a vida de Nelson Mandela transmitem a mensagem de que podemos enfrentar nossos próprios limites com coragem e, pelo diálogo, descobrir a noção de comunidade dentro de nós e das outras pessoas. Quando conseguimos fazer isso descobrimos a verdadeira liberdade.

: : Caminhar de peito aberto

Pessoas de visão e princípios não têm medo de olhar para dentro e observar seus sentimentos, de descobrir novos caminhos e de dividir idéias e esforços para ajudar as outras tanto em sua vida de trabalho quanto pessoal. O caminho para a liberdade, que eu espero que você tenha descoberto enquanto lê este livro e continue mesmo após ter terminado, requer que se mantenha o coração aberto. Um de meus princípios é: se você consegue manter a integridade e caminhar de peito aberto, encontrará coragem para seguir em frente e alcançar seus objetivos independentemente das circunstâncias, das dificuldades, do medo e do fracasso. Se conseguir manter a inspiração e o equilíbrio encontrará muitos companheiros pelo caminho. E o melhor: muitos virão ao seu encontro para elogiar e lhe dar apoio em sua missão.

Até meus bisnetos sabem que precisamos descobrir quem realmente somos e o que temos em comum com as pessoas, não nossas diferenças. Muitos indivíduos ainda são levados pelas igrejas e pela política a considerar mais as diferenças do que as semelhanças. Acredito que devemos lutar pelo bem comum e que nossa força vem da união. Vivemos em uma sociedade de culturas e crenças muito diversas. A melhor forma de conviver com isso é aceitar as pessoas como elas são.

Quem conhece bem a si mesmo entende melhor os outros e atinge mais facilmente o sucesso. Toda vez que ouve a palavra "não" pára e pensa "mas por que não tentar?" Não tem medo de sonhar alto, de quebrar barreiras e de inovar.

Cliff Morgan, o jogador de rúgbi da Wales e do British Lions que acabou se tornando presidente da BBC Radio Sport, disse em um discurso que fez durante um jantar para a comunidade do rúgbi: "O maior desafio nos dias de hoje é lidar com a cobiça e com a mediocridade das pessoas". E enfatizou que estas duas qualidades são um grande obstáculo tanto no mundo dos esportes quanto na vida em geral.

E, realmente, a ganância e a mediocridade têm causado grandes problemas no mundo, como no exemplo da Enron, embora esse tipo de atitude esteja presente o tempo todo ao nosso redor. As pessoas mais conscientes optam pelo caminho da integridade. Quando conseguimos ver além dos limites da cobiça e da mediocridade, nos livramos dos grilhões que nos prendem e passamos a desfrutar da verdadeira liberdade, sabendo exatamente quem somos e o que queremos para nossa vida.

: : Permita-se brilhar

Cliff Morgan continuou seu discurso falando sobre o dia em que entrevistou a atriz Liv Ullman. "Quando você percebeu que se tornaria uma grande atriz?", perguntou. A resposta foi imediata: "Quando percebi que minha família e meus amigos estavam torcendo por mim. Senti então que poderia vencer todos os obstáculos. Foi como se as portas se abrissem em meu caminho".

Espero que, após ler este livro, o espírito do autoconhecimento, que leva a uma liderança mais responsável e segura, faça parte de seu dia-a-dia. Esse tipo de liderança é como um remédio que cura as diversas áreas deficientes de nosso trabalho e de nossa vida, revitalizando empresas, comunidades e famílias. Como disse Nelson Mandela em seu primeiro discurso como Presidente da África do Sul, "pequenas ações não mudam o mundo. Não há mérito algum em nos encolhermos para não assustar as outras pessoas com nossa grandeza. Todos nascemos para brilhar como crianças. Quando permitimos que nossa luz se manifeste com toda a intensidade, incentivamos as pessoas a fazer o mesmo". Esta é verdadeira arte da liderança: dar a nós mesmos o direito de brilhar e, através de nossas ações, crenças e exemplos, ajudar as pessoas a encontrar sua própria luz.

Floriano Serra

A EMPRESA SORRISO

A felicidade e a realização profissional inteiramente ao seu alcance! Administração de conflitos, assédio moral, criatividade, espiritualidade, liderança, mau uso do poder, trabalho em equipe etc. – explicações e sugestões para vencer dificuldades.

Robert Holden

DESPERTE A SUA SABEDORIA, DESCUBRA O SEU POTENCIAL E APRENDA A EVOLUIR

São livros da coleção *Sucesso Inteligente*, *best-seller* do escritor inglês Robert Holden. Descubra o poder da sabedoria milenar aplicada às necessidades de hoje: ensinamentos que se desdobram a partir de casos verídicos, para você conquistar uma vida nova, plena de realização e felicidade!

Matthew Gilbert

A REVOLUÇÃO NA EMPRESA

Não perca mais tempo! Participe desta verdadeira revolução na empresa, que está mobilizando – em todo o mundo –, empregados de todos os níveis e setores, executivos e empresários que pretendem encontrar o sucesso profissional!

Floriano Serra

A TERCEIRA INTELIGÊNCIA

Muito além da razão e da emoção, é na inteligência espiritual que se encontra a felicidade e a realização pessoal. De grande utilidade prática, revela casos reais e exemplos práticos, provando que é possível unir o racional, o emocional e o espiritual.

Robert Holden

MUDANÇAS ACONTECEM!

Você pode – e deve! – mudar sua vida para melhor. A saúde, a prosperidade, o amor, a paz e o sucesso estão ao seu alcance neste incrível *best-seller*. Livre-se – de uma vez por todas – da mágoa, da insegurança e da desilusão... Afinal, o que você está esperando?

Robert Holden

FELICIDADE JÁ!

É hora de ser feliz! A felicidade está ao alcance neste guia excelente, de quem pretende encontrar a realização pessoal. Páginas vibrantes de um incrível manual, repleto de recomendações práticas para aqueles que desejam viver em paz, livres e felizes...

Robert Holden

RIR AINDA É O MELHOR REMÉDIO

A felicidade e o sucesso estão mais perto de quem é bem-humorado. Rindo, nos libertamos de todas as tensões do dia-a-dia. A medicina do riso não é nenhuma novidade: os efeitos saudáveis da alegria de viver encontram-se no hinduísmo, no islamismo, no taoísmo, no judaísmo e no cristianismo...

Joanna Campbell-Slan

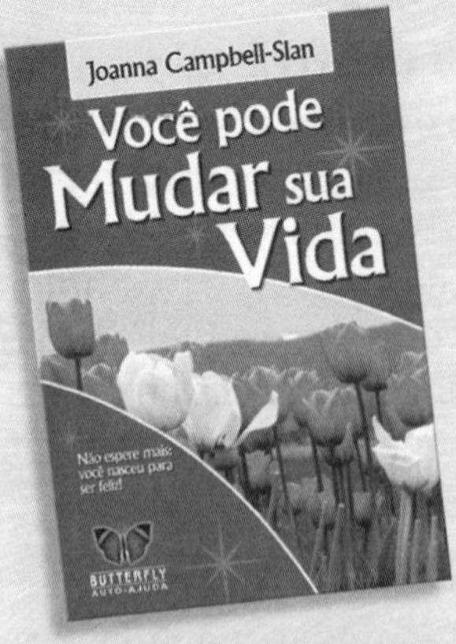

VOCÊ PODE MUDAR SUA VIDA

Em trinta dias, você vai ganhar uma saudável modificação no seu modo de pensar. Neste livro extraordinário um completo programa de transformação pessoal, para vencer dificuldades e viver melhor o dia-a-dia – de bem com você, com os outros e com Deus.

Donizeti Costa

LER FAZ BEM À ALMA

O maravilhoso mundo dos livros: sua história, obras mais indicadas para aqueles que estão nos primeiros passos em direção aos grandes autores, sugestões para facilitar a leitura e trechos de livros e bibliografia. Acompanhando o livro, um *botton* muito especial.

Laurie Beth Jones

JESUS NO CORAÇÃO DA EMPRESA

Especialmente indicado para profissionais e empresários que desejam enfrentar e vencer grandes desafios, integrando-se espiritualmente a um mundo novo. Leitura recomendada para alcançar o sucesso na vida empresarial: explicações muito práticas e eficientes.

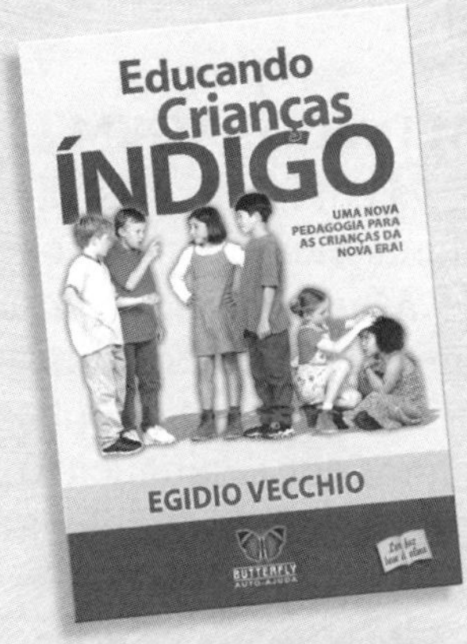

Egidio Vecchio

EDUCANDO CRIANÇAS ÍNDIGO

Quem são as crianças índigo que estão nascendo por toda parte e que tratam os adultos de igual para igual? Por que são tão questionadoras? Como educá-las para que cresçam saudáveis e integradas à família e à sociedade? Pais, educadores e profissionais da área da saúde precisam deste livro, único no seu gênero.

Lee Carroll & Jan Tober

CRIANÇAS ÍNDIGO

Preparadas na espiritualidade, são diferentes e estão nascendo em todos os continentes. Neste livro – traduzido para vários idiomas, *best-seller* nos Estados Unidos – pais, educadores e psicólogos encontram tudo o que precisam saber para entender e conviver com as crianças índigo – líderes de um mundo em transformação.

Jennie Hernandez Hanks

O SEGREDO DO RELACIONAMENTO COM OS FILHOS

Seus filhos estão descontrolados ou rebeldes? Experimente o genial método de trocas de Jennie. Seguindo corretamente esse revolucionário sistema, seu filho vai mudar radicalmente para melhor! Sugestões exemplificadas, fáceis de entender e colocar em prática!

Chris Benguhe

MUITO ALÉM DA CORAGEM

Respire fundo e vá em frente: nas páginas de uma fantástica epopéia, os personagens de *Muito além da coragem* enfrentam incríveis aventuras apresentadas pelo destino, exemplificando os princípios que distinguem o verdadeiro herói e incentivando a autoconfiança.

Doutor Descalço

LIBERTE-SE

Cure sua vida! Livre-se, agora mesmo, do medo, do estresse, da depressão, da doença, da solidão e dos problemas do dia-a-dia. O doutor Descalço resgata, neste livro ilustrado, a antiga tradição oriental dos abnegados "doutores descalços".

Susan Kerr

SISTEMA DE MEMÓRIA DA ALMA

Para evitar os "curtos-circuitos" da alma – doenças, fracassos, solidão, depressão – ligue-se, agora mesmo, no Sistema de Memória da Alma. Aprenda a controlar melhor suas emoções, evitando represar energias negativas nos *chacras*.

Yitta Halberstam & Judith Leventhal

MILAGRES DE AMOR E AMIZADE

Especialmente recomendado para presentear aqueles a quem amamos e desejamos reconfortar. Sessenta e quatro histórias verídicas e emocionantes que nos revelam verdadeiros milagres, sublimes intervenções da providência divina no destino das pessoas. Quando tudo parece perdido, eis que um milagre acontece...

John C. Friel & Linda D. Friel

AS 7 MELHORES COISAS QUE OS CASAIS FELIZES FAZEM

Sete segredos devassados para você encontrar a felicidade no amor. Rompendo a barreira dos preconceitos, os autores revelam a causa dos desajustes dos casais – abrindo um amplo espaço para o entendimento da sexualidade e outras questões igualmente importantes.

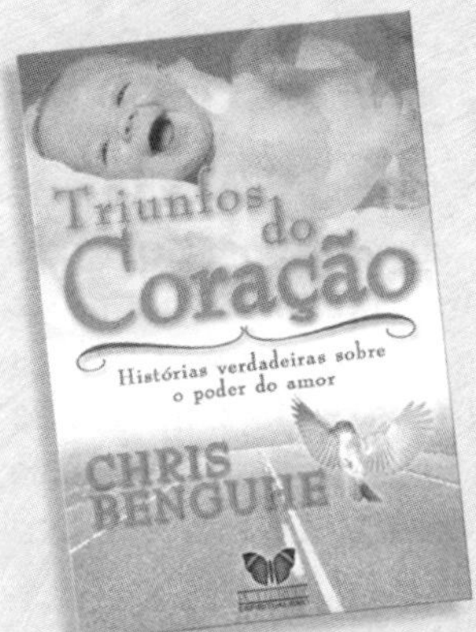

Chris Benguhe

TRIUNFOS DO CORAÇÃO

Histórias verídicas que revelam o grandioso poder do amor. Capaz de impulsionar o homem a atitudes heróicas, gestos de larga bondade e a conquistar novas amizades, a força do amor é surpreendente. Excelente leitura para motivar a superação de todas as dificuldades.

Simone Martins

SOLIDÃO. QUEM É VOCÊ?

Para prevenir ou enfrentar os efeitos da solidão, o leitor encontrou ótima companhia: a psicóloga e escritora Simone Martins – que já vivenciou esse sentimento devastador – empreendeu essa pesquisa, que também apresenta casos verídicos de regressão de memória.

Simone Martins

A MÃE DO TERCEIRO MILÊNIO

Num só volume, tudo o que a mulher precisa saber para ser feliz: recomendações práticas para antes, durante e depois do nascimento do seu filho. A dor no parto, os cuidados durante a gestação, afinidade filial e espiritual, filhos adotivos e muito mais...

Francisco Cândido Xavier

DESPERTAR

Mensagens do Espírito André Luiz, ilustradas por sugestivas fotos, que contribuem para fixar a essência de belíssimos ensinamentos. Leitura indicada para todos os dias: aberto ao acaso, conduz na direção de valiosas reflexões que consolam e harmonizam o coração.

Lina de Alexandria

JORNADA DE ESPERANÇA

Herdeira de um rico fazendeiro, Luzia certa noite é abordada pelo doutor Henrique. Essa aproximação vai mudar sua vida, levando seus filhos, tempos depois, para muito longe do Brasil... É na Europa que Maria e Vinícius se defrontam com um destino impiedoso.

Lina de Alexandria

INDIANA

Filha de um comerciante, Nathasha vive na cidade de Poznan, Polônia. Durante a guerra, é aprisionada num campo de concentração nazista. Vítima de perversos agressores, enfrenta uma gravidez indesejada. Acontecimentos inesperados levam-na até a Índia milenar.

Eurípedes Kühl

SONHOS: VIAGENS À ALMA

O mundo dos sonhos em todos os seus mistérios. Estudo fascinante que revela a influência fantástica dos sonhos em nossa vida. Explica o processo que nos leva a sonhar, apresentando também o sonho como um portal para adentrarmos no mundo espiritual.

Raymond A. Moody Jr.

A VIDA DEPOIS DA VIDA

Relatos verídicos de experiências de quase-morte de pessoas consideradas clinicamente mortas e que retornaram à vida levam os pesquisadores a acreditar na vida depois da morte. *Best-seller* que já vendeu mais de 13 milhões de exemplares no mundo inteiro.

Raymond A. Moody Jr.

A LUZ QUE VEM DO ALÉM

Depois de investigar mais de mil casos de experiências de quase-morte, o doutor Raymond Moody Jr. – o mesmo autor do *best-seller A vida depois da vida*, mais de 13 milhões de exemplares vendidos – revela um incrível e benéfico efeito colateral dessas viagens.

John L. Brooker

ENCONTRANDO A LUZ

Almas que perderam o corpo físico agitam-se aflitas no espaço – desconhecem a própria morte ou recusam-se a aceitá-la. Relatos verídicos do resgate desses espíritos em direção da luz, incluindo o socorro espiritual às vítimas do atentado ao World Trade Center.

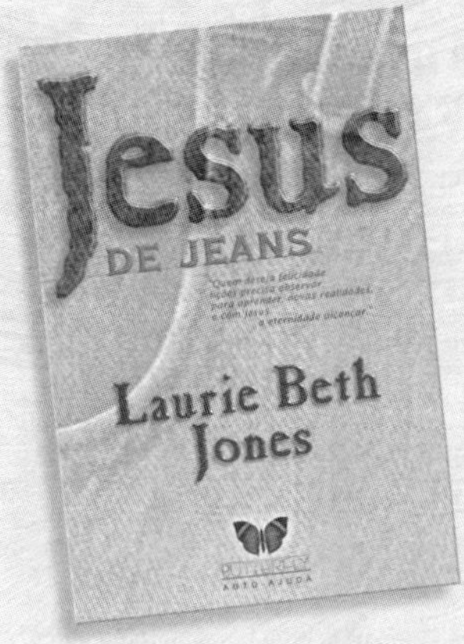

Laurie Beth Jones

JESUS DE JEANS

Revendo a mensagem de Jesus, a autora foi capaz de atualizar seus ensinamentos, que se ampliaram ainda mais nos exemplos práticos apresentados. Neste livro, o Mestre – modesto e acessível – está ainda mais próximo da humanidade, da qual nunca se distanciou...

Catherine Lanigan

NA PROTEÇÃO DOS ANJOS

É possível viver melhor com a providencial ajuda dos anjos! A autora nos aproxima desses verdadeiros agentes da felicidade, ampliando nossa visão espiritual. É tempo de despertar para uma vida melhor: aprenda a contar com a proteção e a inspiração dos anjos!

Catherine Lanigan

QUANDO OS ANJOS NOS PROTEGEM

Depoimentos incríveis e diversos relatos que comprovam a intervenção dos anjos em nossa vida. Aprender a escutá-los, nos inspirando em suas sugestões, é abreviar o caminho que nos conduz na direção da felicidade! Lembre-se: para os anjos, tudo é possível...

Carla Wills-Brandon

UM ÚLTIMO ABRAÇO ANTES DE PARTIR

Depoimentos incríveis revelam a presença inegável de parentes e amigos – que já não fazem mais parte deste mundo – ao lado daqueles que se preparam para partir para o outro lado da vida. Pesquisas e relatos que comprovam a realidade das visões no leito de morte.

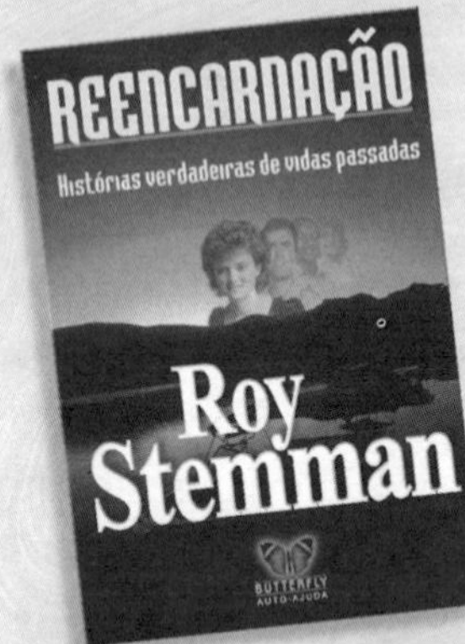

Roy Stemman

REENCARNAÇÃO

Toda a verdade sobre a reencarnação. Casos extraordinários revelam a realidade da reencarnação. Por que, quando e onde reencarnaremos? Reencontraremos nossos entes queridos? Mudaremos de sexo? Exemplos verídicos respondem a essas e a muitas outras perguntas...

Laurie Beth Jones

O PODER DA PROFECIA POSITIVA

A energia da palavra deve ser conduzida na direção dos nossos ideais, para que eles realmente se concretizem: é possível programar sua realização! Todos são portadores de um imenso poder de realização que, trabalhado com método, é o fator determinante do sucesso.

Querendo conhecer outros livros da Butterfly Editora, basta acessar o site www.flyed.com.br ou solicitar um catálogo sem compromisso pela Caixa Postal 67545 - Ag. Almeida Lima - CEP 03102-970 - São Paulo - SP.